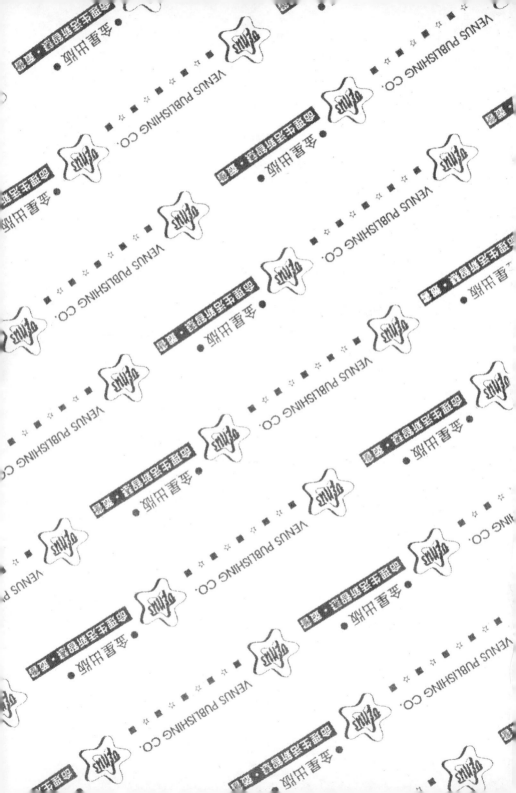

命理生活新智慧・叢書 61-1

對你有影響的

府相同梁

《上》

《修訂一版》

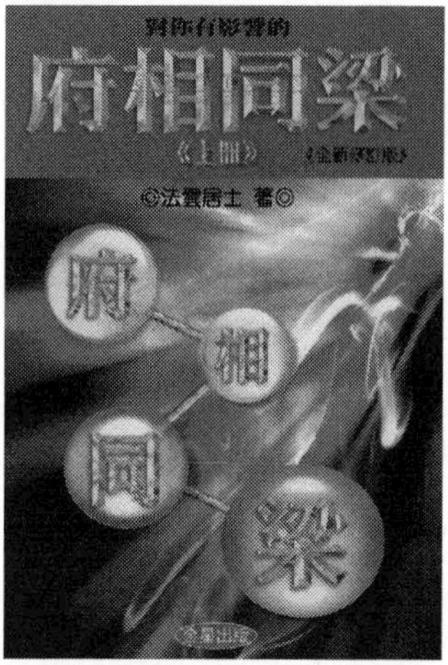

金星出版社 http://www.venusco555.com
E-mail: venusco555@163.com
venusco@pchome.com.tw
法 雲 居 士 http://www.fayin777.com
E-mail: fayin777@163.com
fatevenus@yahoo.com.tw

法雲居士⊙著

金星出版

國家圖書館出版品預行編目資料

對你有影響的『府相同梁』上冊
《修訂一版》／
法雲居士著，--臺北市：
金星出版：紅螞蟻總經銷，
2009.09《修訂1版》 冊；公分（命理生
活新智慧叢書；61-1）

ISBN 978-986-6441073（平裝）

1.紫微斗數

293.1 9800

對你有影響的 府相同梁 上冊《修訂一版》

作　　者：法雲居士
發 行 人：袁光明
社　　長：袁光明
編　　輯：王璟琪
總 經 理：袁玉成
地　　址：台北市南京東路三段201號3樓
電　　話：886-2-2362-6655
傳　　真：886-2-2365-2425
郵政劃撥：18912942金星出版社帳戶
總 經 銷：紅螞蟻圖書有限公司
地　　址：台北市內湖區舊宗路二段121巷19號
電　　話：(02)27953656(代表號)
網　　址：http://www.venusco555.com
E-mail：venusco555@163.com
venusco@pchome.com.tw
法雲居士網址：http://www.fayin777.com
E-mail：fayin777@163.com
fatevenus@yahoo.com.tw

版　　次：2009年9月 修訂1版 2021年5月 加印
登 記 證：行政院新聞局局版北市業字第653號
法律顧問：郭啟疆律師
定　　價：320元

行政院新聞局局版北字業字第 653 號

ISBN :978-986-6441-073（平裝）

府相同梁
《上冊》

序

這本『府相同梁』是一套書中的第九本書，其它還有『羊陀火鈴』、『權祿科』、『十干化忌』、『天空、地劫』、『殺破狼上、下冊』、『昌曲左右』、『紫廉武』、『日月機巨』、『身宮、命主和身主』，也許後面還會增加書目。

我常說命理學是一門人文科學，人的命盤是自己的藏寶圖，自己的財富藏在其中。同時也是自己的運命圖，包括了自己運氣起伏的態勢高低漲停，也包括了自己思想觀念的運作動態。更是一張自己的心靈地圖。

什麼是『命』呢？『命』就是一種思想、觀念和會運作事務的方法和路徑。你怎麼做，怎麼處理事情，就會有什麼樣的命和運的結果。

『命』到底可不可以改呢？

當然可以改囉！只要你改變自己的想法、改變行事風格和路徑，就能改變人生的結果，這就是改命了！例如說，你要到一個地方去，去了會是一個結果，不去又是一個結果。去了可能會多是非、惹上麻煩，也可能會意外遇到你此生改變你人生的貴人。不去呢？也有兩種可能，一種是無是非，很安靜、愜意。一種是可能減少了機運，沒機會碰到對你好的貴人。當然你自己就會想了，為什麼要去呢？那個地方在那個時候究竟會出現什麼人呢？會是討厭的人嗎？會不會惹麻煩呢？是利多還是凶多呢？因此你需要做一個抉擇。人通常都是用自己以往的經驗或內在的喜好來做抉擇的。但這些經驗也可能會不足。你內在的喜好也會偏頗。而且在不同的時間點上，你本身情緒起伏也在變化。不同時間點的運氣也不一樣，故而會產生有時候你認為一定會吉祥順利的事，反而不順利了。有時候你認為一定沒好事，卻反而還不錯，有些心喜。所以在你的抉擇中要把好事的機運保留下來，把不順利、易遭受磨難的事來變好，這就是你要改命的步驟了。

每個人會因為自己情緒、性格的變化，而主導你是否能做出好的決定，因此我們可以說，其人自己本身的情緒與性格的脈絡，實際上就是你的『命』！

府相同梁

《上冊》

在我論命時，常有人問我：『有人說我是細姨命，究竟我是不是細姨命？』也有人問我：『老師！別的算命的說我一定會出家，你看到到底會不會出家？你一定要給我肯定的答覆喔！』

我總是反問他們說：『你想不想做細姨？』『你自己想不想出家？』『你如果想當細姨，自然就是細姨命！』『你如果心裡就想出家，你自然會朝那方向走了！』

我很奇怪的是：這些人總要拿自己的行為去應和別人的說法，而自以為那就是他命中註定的事。

而我覺得『天下沒有命中註定的事』。命相師算的準，主要是他已掌了你思想、觀念的脈動，他已知道了你就會那麼做！但也不是每個命相師都說得準的。倘若你不想成為『命中註定』的結果，你就要像做股票一樣逆勢操作，才會穩掌人生的勝局，如此也就會改變命運。因此一念之間的變化，是常常改變人生命運的關鑑。倘若你硬要用自己不好的行為和災禍去對應命運，那『命中註定』這回事，也會順應你的希望而發生了。

況且你在做『命中註定』這種想法時，其實同時也是在做一種放棄和妥協，你在說服自己接受自己懦弱的行為，在為自己找一個藉口，間接的在原諒自己墮落、不上進、不肯努力，不想辛苦，萎靡不振的心思。這種方式是不對的！倘若你已有了『命中註定』的想法，那就誰也救不了你了！

所有算命師算的都只是一個機率，你要有勇氣改變它，改變這個機率，使不名譽的事或災禍不發生。而不是假借命理師所說的話來替自己圓謊，以便使人不發覺你內心的懦弱。

通常我都勸大家要向命理師說的話來挑戰。這樣你才能真正的改命、改運。我們學習命理學最重要的，就是要改變我們不好的命運，使我們自己在每一天都生活在富足安樂之中，更間而影響我們周圍的人，使他們也穩定安樂，這才是學習命理的真正意義。願與大家共勉之。

法雲居士　謹識

府相同梁
《上冊》

命理生活叢書 61-1
府相同梁《上冊》
《全新修訂版》

目錄

府相同梁
《上冊》

府相同梁

《上冊》

下冊目錄

府相同梁

《上冊》

府相同梁

《上冊》

府相同梁

《上冊》

第一章 『府相同梁』是不同的命運架構

『府相同梁性自好』這句話是命書上首次以四星之性格特質將之歸類在一起的紀錄。這四顆星本身的基本性質都絕不相同，各有各的性格特點。但屬於溫和的星曜是絕對肯定的，也都是吉星。

在前幾本書，如『紫廉武』、『殺、破、狼上下冊』、『羊陀火鈴』中，**我大致闡述了**：在這世界上的人，**命格架構上大致分為兩派，一派以『殺、破、狼、紫、廉、武』為首的努力積極派**，他們的性格穩重、剛烈、乾脆，也比較具有政治化的傾向，較偏向事業上之發展，**另一派則是以『府、相、同、梁、日、月、機、巨』為**

首的以聰明靈巧、善變著稱，比較依賴感情及感覺，人生方向也較**偏向家庭幸福方向之努力**。以上是從命運架構上對『府相同梁』的第一種分類。

府相同梁為『人』、『醫』、『生』、『老』

『府相同梁』四顆星都是南斗星曜，**南斗星曜是真正主宰人的生命力的主因，既代表宇宙間星球的生老病死**，也代表人一生之生老病死。所以『府、相、同、梁』四顆星皆為我們人之身主值星之一。

當『府、相、同、梁』為身主值星時，**天府代表的是『人』。表示代表了人的整個軀體**。從命理上來講，人的軀體就像一座房子，裡面可裝滿了東西，因此天府為田宅主。

天相代表醫生，能治主病的火、鈴二星。**天同主『生』**，生命自然生長，帶有天生之福氣。**天梁星主『老』**，主福蔭他人。

因此由這四顆南斗星『府、相、同、梁』的運作來看，它們都和人的生命有直接關聯，故這四種命格的人也最喜歡養生，最會保護生命健康。自然他們花在家庭中或自己身體上健康方面的時間會最多。人生命運的架構，會緩慢或偏向家庭生活，也自然不一樣了。

『府相同梁』具有天賦任務

天府、天相、天同、天梁四顆星，都帶有『天』字，表示是天生自然，自出生時就帶有之天生的福氣。也表示是上天所眷顧蔭庇的一種福氣。例如天府星是本命帶財的人，本命財多的人，來到這個世界上，就要把財分給別人，他也是上天派他來管人世間之財祿的人。他是一個管帳的人，並不一定手中握有現金，但都會有一本帳在，很喜歡理財。**因此天府單星坐命者**，其財帛宮都是空宮，而官祿宮是天相，表示要勤勞工作，好好打理工作事務才有金錢的流動。

『天相』是勤勞的福星，他一生都是在治火、鈴的病。火、鈴是衝動、突發的病症，天相是穩定、穩重的星，也會很有耐心的收拾火、鈴所製造的災禍，將之平撫。**天相單星坐命者**，其官祿宮是空宮，而財帛宮是天府，表示必須要善用及支配錢財，才能穩重的做好工作。所以我們常可看到天相坐命的人，都常是在做一些收拾料理的工作。

『天同』是稚嫩的福星，是上天賦與的一種福氣，能自然而然的享受舒適的環境，或自然而然的有人把他照顧好，因此天同入命的人較懶。但在他們的時空中就是有人會幫他做好，他也自然而然的不辛苦而接受別人所做的成果了。天同是上天派他來使天下太平無事、製造和平的人。

『天梁』是蔭星，是上天派他來蔭庇別人的，故他喜歡照顧別人，管他人閒事、蔭他人，而不蔭自己。照顧別人，他會得到上天庇佑，照顧自己，反而無庇佑，既辛苦，結果也不好，多是非、吃力不討好。

從以上看來，你就會知道，有『天』字為首的星曜，就是天生賦與他們的任務，也是天生個性使然，有他自己的頑固要去做天賦使命之事的。另外如『天刑』星，是天生的刑剋，是自刑。表示是上天所賦與之懲罰，故其人會心悶悶的、臉臭臭的、內心不快樂。

凡有天刑在命宮的人，身體上都會有毛病，或有殘疾、暗疾，也會影響其人的精神層面不開朗。

『府相』和『同梁』是完全不一樣的人生命運架構

要分析人的命運架構，可從命宮、對宮或三合宮位來看其命運架構。

天府、天相的命運架構和天同、天梁之命運架構完全不相同。他們也各自有各自的命運軌跡。命運軌跡由三合宮位可看出來。

天府、天相這兩顆星，不論單星形式或雙星形式，都會有『殺、破、狼』格局出現在『夫、遷、福』的三合宮位之中，因此命格中有天府、天相的人，雖外表溫和，實際上其內在個性也會較乾脆、積極，某些人也動作俐落。倘若是慢吞吞、不積極的人，就是有羊、陀、火、鈴、劫空、化忌相刑，命中財少的人。

天府、天相既與『殺、破、狼』有牽連，自然被列入屬於『殺、破、狼』一派的命格之中了。他們人生的變化，也會因積極的力量是否足夠而展現富貴的曙光。

天同和天梁這兩顆星常是秤不離鉈，鉈不離秤的。他們會同宮，或在對宮相照，或在三合宮位中相見，或在『夫、遷、福』中相見。這表示不論是天同或天梁坐命的人，在你的人生中，心態上都極穩定，或有些懶散，積極力量不足，會等待一些自以為會有的上天眷顧，有些等得到，有些人等不到。

要知道普天下命理法則中有些定律，當一個地方或家庭財少時，當他們的運氣又回升時，就會有財星坐命的人出現。因此財星坐命的人，多出生在不富足的家庭中。福星坐命的人，多出生在辛苦福少的家庭中，為他們帶來平順的福氣。天梁坐命的人，多出生在爭鬥多或災禍多的家庭中，為他們帶來平復、蔭庇的力量。因此天同和天梁坐命的人之幸福和人生重心，多在家庭和感情方面的滿足。

從三合宮位看『府相』和『同梁』的相異點

天府的三合宮位，在單星形式時，財帛宮為空宮，官祿宮為天相。**在雙星形式時，有三種：**①廉府、紫微、武相②紫府、武曲、廉相③武府、廉貞、紫相。

天相的三合宮位，在單星形式時，財帛宮是天府星，官祿宮為空宮。**在雙星形式時，有三種：**①紫相、武府、廉貞②武相、廉府、紫微③廉相、紫府、武曲。

由以上可見，天府、天相是和紫、廉、武有密切結合之關係的。自然也和權力、財富、智慧、計謀、爭奪有密切之關連。

天同的三合宮位，在單星形式時，天同在卯、酉宮時，財帛宮是巨門居旺，官祿宮是天機陷落。**天同在辰、戌宮時**，陷落的巨門在遷移宮，財帛宮是天梁居廟，官祿宮是機陰。**天同在巳、亥宮時**，財帛宮是空宮，官祿宮是機巨。

天同雙星形式時有三種：①同巨、空宮、天機居平②同梁、太陰、天機③同陰、空宮、機梁。

因此你可看出，基本上天同和天梁、天機、巨門、太陰是同類，糾合在一起的。

天梁的三合宮位，在單星形式時有三種，天梁在子、午宮，財帛宮是機陰，官祿宮是天同居平。**天梁在丑、未宮時**，財帛宮是太陰，官祿宮是太陽。**天梁在巳、亥宮居陷時**，財帛宮是天同居廟，官祿宮是空宮。

天梁雙星形式時有三種：①陽梁、太陰、空宮②同梁、太陰、天機③機梁、同陰、空宮。

由此你也可看出，基本上天梁和天同、天機、太陰、太陽是同類，糾合在一起的。

並且，**天同和天梁，都會有巨門在『夫、遷、福』之中固守**，表示他們也無法和是非口舌脫鉤，無法遠離是非口舌和災禍的。

如此一來就有很明顯的比較了。天府、天相兩顆星，是和財祿、爭奪、權利、管理有關聯的人生架構。天同、天梁是和平穩、平復災禍、是非，是和家庭、感情與聰明才智有關聯的人生架構。這兩者之間有很大的不同，也可說是完全不一樣的命運流程，各自所追求的人生目標也不一樣。因此你也會看到，天府、天相坐命的人，在性格上會和紫、廉、武及殺、破、狼命格的人，磁場相合多一些。而天同、天梁坐命的人，在性格上會和日月機巨命格的人相合多一些。

雖然如此，但如果府相同梁是單星坐命時，你也會發覺他們有獨立的、超然的、與眾不同的特殊性格，又完全不屬於任何一派。天府是財星又怕人來劫財。天相、天同是福星，怕人來劫福，天相是印星，怕人來劫印、刑印。天梁是蔭星，怕人來劫蔭。因此府、相、同、梁單星坐命的人，都會有自己保守的一面，和獨特力挽狂瀾的絕招。這在後面會一一提到。

府相同梁
《上冊》

從星曜本身的意義上『府相同梁』各自擁有不同的命運架構

天府是庫星（財庫星），為田宅主，掌財祿入庫之事，為佐帝座之星，故也是為他人管理錢財之帳房型的人物。善於計算、儲存，凡有價之物皆要入自己之庫，只進不出，善盡管理財庫、倉庫之帳房職責。

天府也是財星，一生和錢財資源劃下不解之緣，隨時喜歡計算價值，凡人、事、物皆會為之標價，所有的利弊也會為之以金錢價值之多寡來為之標價。所以天府的計算能力好，善惡黑白也都有其價值觀。是故一生之命運架構是脫離不了和金錢有瓜葛的命運架構的。

我在『殺、破、狼』上、下冊，以及『紫、廉、武』這些書中也曾多次提到和金錢有關的命運架構上，**『金』和『權』是一體的東西**，和金錢有關連，就自然和『權力』有關連，是故天府仍是脫離不了和金錢、權力結構上之政治議題的人生架構的。天府是人天生的財庫，也是天生賦予之財祿，更代表人之生命資源，也代表你命中財庫的大小規格。

天相星是印星、福星，『印星』就是掌『大印』、『掌權力』。天相的權力是來自於多做、多服務、多料理善後、多管事，多將人、事、物管理到上軌道，使雜亂不整齊的東西歸於其本位，或是彌補破舊、有瑕疵、不完備的東西，使之變為整齊、美麗，或使之可以有用。所以天相星的工作是在改變環境中的瑕疵、不美、不好的陳年痼疾之習慣，自然較辛苦。要想改善這些瑕疵，自然也就必須要有強烈手段才能做得成，是故要掌印、掌權力。具有管理的權力之後才能改革，使別人聽話，願意配合。

天相星所擁有管人管事的權力，既是天生自然的權力，也是後天自己從做事上所摸索出來制化他人的權力。天相坐命的人，能從替他人料理善後，或替他人服務中轉移權力至自己的身上。當這種權力轉到自己身上後，接著金錢財富也隨之而來了。因此天相坐命的人，實際上也是和政治有關的人生架構。他是由先掌權、掌印，再得富貴，**先貴而後富的人生架構**。倘若有『刑印』格局的人，則此生既難貴又難富了，而且常會貧困拮据了。這就是天相星的特殊人生架構了。

天同星是福星，是延壽保生之星。命中有天同星存在的人，縱然天同居陷，福少，仍有生命可延續，不致滅亡的命運。但是會多病，如風中殘燭。天同的福氣，只在生命的延續和平穩。天同不主

『財』，也不主『官』，因此天同入命的人，對賺錢和做事業是不算積極的人（這是和其他財官型命格的人所做的比較）。天同入命的人，凡事順其自然就好，凡事也穩定、不出錯，少災難磨練就好。天同命格的三合四方宮位所見之財星、官星，也只是太陰和天梁這種必須勤勞做，但是每月固定少量的財，和必須有名聲，才能算是有具體效果的事業型態。天同坐命的人，很少愛掌權，也很少能掌到權力，他們不喜歡管人、管事，喜歡別人來幫忙自己或照顧自己，以為這就是福氣。因此，天同坐命的人，很難進入具有政治力量的主體結構之中，自然天同命格的人，很難掌握到大權力和大財富了。因此天同命格的人，和殺、破、狼、紫、廉、武等命格在人生命運結構上有很大之不同。也們也完全無法瞭解別人是如何具有富貴的。其人只會針對自己所擁有的平安、平順、舒適來計劃自己的人生。

天梁是蔭星、貴人星。天梁入命的人，是自己做別人的貴人，而自己少有貴人的。也是自己蔭別人，而不能得到別人蔭自己的。因此天梁坐命的人，喜歡照顧別人、管別人，但自己家中之事不愛管。

天梁也是官星，是事業主，有機謀、好競爭。有競爭才有出人頭地及出名的一天。但這種官星的財並不多，它和太陽一樣，會只是每月固定的薪水之財。天梁的對宮或三合宮位中只有太陰、太陽兩顆財、官之星，但在四方宮位中會有紫、廉、武和貪狼這些具有權勢、財力，與政治運作活躍的星，但四方宮位離自己本命宮比較遠了，對自己的助力也較弱，但有時你仍不免看到這些條件會對天梁入命者有一些『金、權和政治』方面小小的影響力。

天梁的命運架構，在於用自己的智慧和計謀把自己的地位搶在別人前面，超出別人。**天梁的人重視地位、名聲的排名**，換言之，就是重視名聲、地位比別人好。有名聲就會帶來錢財和權力，所以天梁入命的人，是先主貴，再主富的人。倘若是天梁陷落入命，無法主貴，也就不富或貧窮了，也會對財、官之事漠不關心。有『刑蔭』格局的人也是一樣，是既地位低賤又貧窮的人，也會工作能力很差，沒有上進心。天梁入命的人之一生命運架構，就是在肯定自己的名聲、地位，也在於照顧他人。照顧他人也是在照顧自己的名聲、地位。由愛幫助別人、照顧別人，再由別人來鞏固自己的名聲、地位，再由『名聲、地位』得到其財富。這是一連串相互連鎖的機制，倘若其中有一環失誤，或沒有顧及到，那這一輩子天梁坐命的人都會白做了，難有富貴了。這就是天梁入命者的命運架構的雛形。

『府相同梁』是每個人福祿、壽喜、富貴的一本帳本

在每個人的命盤中，都擁有『府相同梁』等星。天府、天相、天同、天梁四顆星的形式不同，以及所坐落的宮位不同，也會影響到你本命中一些天生的財和福氣，是否能主貴的問題。**例如天府和羊、陀、火、鈴同宮是『刑財』形式**，當有『刑財』格局在命盤上時，實際上你自出生以來就不富裕了，未來也一生辛苦，所賺不多。更表示你天生不會存錢，財庫有破洞，一輩子也補不好。最終就是為了那個破洞在傷腦筋。

天相星在人之命盤上是主會做事、會料理善後，愛管事、肯擔當責任，既會理財，又具有管理經驗，會把一切事物料理好。故是

善於掌權管事的一顆星。**倘若你的命盤上有『天相、擎羊』同宮或相照的『刑印』格局時**，你就會懦弱無能、管不好事、理財能力也有瑕疵。頭腦也會較愚笨，帶有小奸小詐，但常做些損人不利己的事。你這一生容易算的是糊塗帳，過的是糊塗日子，頭腦十分不清楚了。一生也難以對不平順的生活和日子有平順之作用了。倘若有天相和火、鈴同宮，也是『刑印』格局，你會頭腦古怪，盡想一些旁門左道的想法，因此會和黑道有關，做些不正派的事，一生也易多是非、不平順了。

天同福星在人命盤上是管福德、享受的一顆星。無煞星又居廟、居旺時，能享福快樂，性情溫順，相貌也長得好，有自然的福氣。到人的運氣行經那一個福星旺宮時，就自然享福、生活穩定、快樂，在你的一生中常有此享福快樂的日子。**如果天同和擎羊同宮**

在人之命盤上，就是『刑福』的格局，容易身體遭傷、或傷殘，也會一生辛勞，或幼年過得苦，無法受到父母好的呵護，會在身體上有傷剋，或在人生中刑剋多，也容易使命中財少或不富裕，使自己一生的福氣少，享不到清福。常常你要付出很多、很大的代價，也未必能得到你理想中的好生活。

有天同和陀羅同宮時，也易傷殘、駝背或眼睛眇視（眼球向兩旁分開，俗稱羊白眼），人生中易有蹉跎之事，不算順利。**有火、鈴和天同同宮時**，亦是『刑福』色彩的人生，也會福不全，人生多辛勞、災禍。

天梁在人命盤上是管福蔭、管貴氣，管遇災難時能得人救助的一顆星。命盤上之天梁居廟、居旺時，表示你是有機會主貴，能經由上進心、努力往上爬，也有祖先的福蔭在保佑你可以在升官、考試、出名上具有競爭力的。同時也表示只要你心存正念，也能得到神明的保佑。在你的人生中，長輩型的人物都是你的貴人。更表示在你的人生中，遇難則能呈祥，有貴人輔助，復元的機會很大，比別人大。但人生中必定要經歷過磨難之事，天梁才會發生作用。這還表示你能在人生中做出對人類或社會有益的事務來。倘若**天梁和擎羊同宮，則是『刑蔭』形式**，你一生沒有貴人，或貴人及長輩反而會剋害你，你也會在升官、考試上不順利，由讀書而主貴的路子不通，讀不好。一生無法出名，上進心也不足，往上爬的心態很慵懶，遇難時很難有人搭救。要小心行運至此『刑蔭』的格局形式時，遇難會性命不保。

在每個人命盤中的天府、天相、天同、天梁的形式，其實就已規格化了你人生中的福祿有多少？富貴又有多少？刑剋又有多少？

它既會影響你身體外觀和表面生活的富足、平順，又會影響到你心靈內在的承受福氣，財祿的獲得，與內在積極努力的打拼力與上進心。更呈現了你來自祖先蔭福凝聚的多寡，和你蒙天上神明眷顧保佑的親密度。當一個人的成就到達一個水準，要再往上爬時，他就需要神明和祖德的保佑了。當一個人遇難時，也需要神明和祖德的保佑，才能不墜毀。所以這些都是人生中很重要的關鍵。因此我們可由每個人命盤中之天府、天相、天同、天梁的形式就可看出此人到底能『貴』到什麼程度？以及人生的順利度到何種程度？以及其人福祿的積存、原福、原祿（本命中帶財多少？帶福多少？）到何層級？後天努力打拚的又能得多少成就或富貴？由這四顆星的形式就可看出這麼多問題出來，因此說人命盤上這四顆星，實是每個人福、祿、壽、喜、富、貴的一本帳本清冊是不為過的。

第二章　天府的特質與格局

第一節　天府的特質

天府星是南斗主星，五行屬戊土，為陽土，為司權之宿，又稱令星。主延壽解厄。亦為財帛主、田宅主，又號『祿庫』，是人的富貴之基礎，佐帝座，在數掌人之財宅和衣祿。

很多人認為天府、天相這些南斗星曜是不存在的星

現今天文學家證實，南斗星一團極大的星雲，正處於地球所在的銀河的中心。北斗星的星團在地球的上方位置，是我們可看得到的。南斗星的星團在地球下方，是我們北半球的人所看不到的星辰。古代星相學家，將之稱為『地星』。現今的科學家也證明太陽系正處於本銀河的東方位置，而地球在冬至時的位置正處於太陽與南斗星（銀河中心）之間。受到南斗星極大的磁極效應，同時也拉長了地球與太陽之間的距離，故而冬季較冷，晝短、夜長了。（請參看《實用紫微斗數精華篇》第34頁中之『紫微斗數的宇宙觀』之內容）

秘經曰：『天府是祿庫，命逢總是富。』這種富，是指命中帶財，又具有天生的計算技巧與能力，能聚集錢財。要看天府的形式

好壞，才能定出富祿有多少？是不是真有錢。

天府的特質

天府為祿庫，為財帛主及田宅主。又是人的富貴之基，同時也是人生命資源儲存所在的地方，因為人的身體類似房子，中國人俗稱『臭皮囊』的東西，是故人的身體就是天府的宅第。凡是天府入命，不論有無刑剋，都是本命厚實，有生命資源能生存、活著的基本命格，故能延壽、解厄。凡是天府入命的嬰幼兒，都容易存活，也是命中多少都有一點財的結果。

天府星無論單星形式或雙星形式（如紫府、廉府、武府），其對宮都有一顆七殺星。天府單星時，其對宮有紫殺、廉殺、武殺。雙星形式時，其對宮只有七殺單星。這表示天府坐命的人在生活環境

府相同梁

《上冊》

上必有艱難，需要打拚，與衝破藩籬，才能有成就，和生活得好一點。同時也表示天府坐命者定是很操勞、很愛做事的。如果工作能力不好的天府坐命者，也就是太悠閒的天府坐命者，其命格定有沖剋瑕疵，為無用之人。天府坐命的人就是要不斷的做事、不斷的要有錢進才有安全感。因其八字月支帶官煞之故。所以天府入命的人是不得不勞碌的。

天府入命時，雙星形式比單星形式好。單星形式時，其財帛宮為空宮，官祿宮為天相。表示天府單星坐命者之財，為他人之財，要為他人記帳理財，要不斷的工作才有財。而天相星在官祿宮時，就是做與理財有關、打理及料理一些瑣事的工作形態。所以天府單星坐命的人，多半是做公務員，或在大公司、行號，或金融機構中工作，工作很穩定，抱有金飯碗。天府坐命者如工作常變換，則命理八字多有刑剋。

天府雙星坐者如紫府、廉府、武府坐命的人，其財帛宮會有紫微、武曲、廉貞等星進入，官祿宮又是廉相、武相、紫相，故容易是一生賺錢容易，打拚有力，精於理財，機運會比天府單星坐命的人好很多。這表示在八字月支上雖有官煞刑剋，但四柱之財較多。

天府不論在那一宮都代表小心謹慎，對人疑神疑鬼，外表忠厚老實、愛操心、嘮叨，做事按部就班、一板一眼，外柔內剛，對錢現實，小氣、保守、好管人管事，有些高傲、自命不凡，對人勢利、自私，多才多藝，腦筋好，但也腦筋略慢。因為天府是屬土的星，故思考與動作略慢，比較內斂穩重，一定要想好了才行動。有天府在命盤上，不論那一宮都代表愛物質享受，尤其在命、財、官和夫、遷、福出現時，最為明顯。

天府為計較之星，凡事愛計較、計算，因此很會記帳，而且頭腦清楚，記憶力好，就算是頭腦不清楚的人，也會記憶力好，總是能十分清楚的記得別人答應過的事和所欠的每一分錢，甚至人、地、事都記得一清二楚。

天府是祿庫，故財必須要入庫，天府坐命者本身就像是個小銀行，要把別人的財吸納入自己的庫中保存。然後很吝嗇的控制財的出入。要想跟天府坐命的人借錢不是容易的事，一定要講明還錢日期，要有多重保證，經過他們再三思量，才會借。有時會拖很久。

天府是財星，在其夫、遷、福是『殺、破、狼』格局，或是『殺、破、狼』帶『紫、廉、武』的格局架構。其官祿宮是天相印星，**因此天府入命之人其實就是『財、官』相混合的人生架構**。因此有財也必須有『官』才會財利大。『官』就是打拚事業的力量，官煞重而財少的人，是貧窮之人，那這個天府坐命的人，也必是個空的財庫了。

天府的特質

天府為延壽、解厄、又司權、掌號令之星，主財又帶掌權印，能多儲存錢財和資源，使生活富庶。

天府實質的意義是代表一個人的軀體。我們的軀體就像一幢房子，裡面裝了很多東西，包括了我們可運動的四肢，包括了我們的財富、資源，和福德享用，也包括了生財、養財、控制財的能力等等，更包括了我們的思想、靈魂、意識、觀念等東西。因此說，天府是田宅主，是財庫，也就代表天府為我們軀體的豪宅大院，此屋的機能眾多，空間龐大，收集了我們環境中的一切資源來供給我們這個人來使用。倘若一個人多病，或不富裕，則此人是住在一個小房子或破屋之中。倘若一個人身體又健康，生活又富裕，則此人住在一個大房子、豪宅、大財庫之中。倘若你是一個健康而財少，或是財多富裕而不健康的人，則你是住在一個有瑕疵漏洞的房子之中，要看如何修補？要補強那一方面的問題才行了，否則此棟房子遲早也會瓦解崩塌的。**健康而財少的人**，是要在思想、觀念上要修補、改善。**財多不健康的人**，是『財多身弱』，是居住在借來的房子或財庫中居住，因此要小心，終有一天要交出房子，成為孤魂的。

天府在命宮：外柔內剛，外表忠厚、老實、坦白、愛操心、嘮叨、瑣事也要管，對錢吝嗇，對人也現實，大致還算是好人。做事一板一眼、按部就班，有自己行事規則，做事慢慢來，生活平穩，但易無魄力、衝勁，要動才有財。計算能力好、擅於記帳。是與錢財脫不了關係的人，好存錢、儲蓄，也好物質享受的人。常有點現實與市儈味道。

天府在兄弟宮：兄弟姐妹較富裕，也會賺錢，你與兄弟姐妹感情好，有通財之義。兄弟姐妹是你的財庫，你會和他一起存錢，或錢交給他幫你保存、生息。

天府在夫妻宮：夫妻感情好。你是桃花多，喜歡人際關係活絡，以及喜談戀愛的人。財庫在配偶身上，你要結婚後才會存得住錢。你也會找到富裕會理財之配偶。你一生戀愛次數多，但一定會找一個會對你好、能理財、能支援你過富裕快樂生活之配偶。

天府在子女宮：與子女感情好，也會子女多，你是在性生活上能得到滿足之人。子女會為你帶財來，你會對子女投資、下本錢，未來子女會回報你很多。

府相同梁
《上冊》

天府在財帛宮：你在錢財用度上很富裕、不缺錢，又能精打細算，量入為出，更能賺錢多，儲蓄也很多。用錢小氣，但會為物質享受而花費。你會很操勞的賺錢，又一板一眼的花錢生活，但未必會投資其他的產業。

天府在疾厄宮：健康大致良好，有脾胃方面的毛病，也要小心八字中土多蓋水的問題，會有腎臟和眼目不好的毛病，亦要小心濕熱、浮腫之疾。

天府在遷移宮：外在的環境優渥富足。財庫在外面環境之中，你會出生富裕家庭，而一生要出外打拚才能得財。在家中工作會財少。到外地愈遠愈吉祥，能衣錦榮歸。

天府在僕役宮：朋友運好，朋友都是會存錢、儲蓄、保守、吝嗇、小氣，但會帶財給你的人。朋友也會教導你做人處世及賺錢方法，更會為你帶來不同的人生。

天府在官祿宮：工作運好，事業上能賺很多錢，能使你生活富裕。你有賺錢、存錢的頭腦，智慧高，精明幹練，對錢財有敏感力。亦很會做事，都做有益之事，不會浪費時間，因此你一生很順利、祥和，生活平靜、享福。

天府在田宅宮：田宅宮是人之財庫，天府又是財庫星，因此是財庫入庫。你會有眾多的房地產，財庫穩當富裕，家財多，全都留存得住。也會愈來愈多。家中人都精明，善於理財，亦會過精緻的物質生活，好享受，故你的房地產都是優質、高價值、值錢的房地產。

天府在福德宮：為人好享受，喜愛物質生活，或吃穿上之享受，愛擺闊、愛面子，易鋪張、不節制，也會較勢利，較自私，只為自己的享受而擺闊，其本人有愛偷懶來享福的一面。

天府在父母宮：財庫在父母。表示父母較有錢，也對你慈愛，但父母會小氣、保守，會給你錢花，但會算計清楚，不多也不少。父母會幫你存錢，等將來再一起給你。

天府之剋應事物

天府在人的方面：代表金融機構之人員、財經人員、上班族、公務員、公教人員、農牧人員，生意人、有錢的人、會存錢的人、放高利貸的人，主掌財務、具有錢財控制權的人，生活平順、穩定而富足的人。或身材中等，外表富裕的人。賣房子或管理房子的人，也代表管家型的人物。

在事的方面：代表金錢、財帛、薪水，計較、討價還價、嘮叨、一板一眼、按部就班照規矩行事之事。銀行之事，利息、儲蓄之事、生財之事，匯率之事、房地產買賣之事，優質享受、享福之事，養生、休閒之事，農業、牧場之事。也代表大型企業、大集團、高官、高薪等的賺錢之事。土地之事，房地產之事。

在物品的方面：代表有價值、精細的物品，也代表農產品，一切的動產和不動產，金錢、財富、古董、土裡面的值錢物質。有價值之礦物、貴金屬等等。

在地方或建築方面：代表山崗、不太高之高樓、高級住宅區、丘陵地、高起之地、高樓大廈、橫向寬廣的高樓大廈、豪宅、廣大的庭園、精美的庭園設計、最高學府、政府地政事務所、銀行、金融機構、金庫、國庫、財政機關，也代表田地、房產的範圍，更代表名人、或商人之墳墓、陵寢。在建築的外觀上是土黃色或石塊泥土所建築之房屋樓宇。房子外觀是橫向廣闊之樓宇房舍。

在疾病及身體方面：代表腹中疾病，脾胃的毛病，風濕、腳氣病、口臭、消化系統之毛病。天府在木宮入疾厄宮，易脹氣、淺腹，或有寄生蟲。天府在水宮入疾厄宮，易胃寒、不消化，或胃酸過多。天府在火宮入疾厄宮，易胃熱，上火、胃疼。

天府在父母、交友宮為陷弱之宮，在兄弟宮則以平常而論之，不論好壞。在命宮、身宮有府、相入主，是六親不缺，又能豐衣足食的人。天府入命有煞星沖會，是奸詐不正，享受少的人，錢財也不易存留。

天府以在命、財、官、遷為旺宮，在夫、福為弱宮，在六親宮為更弱。天府和劫、空同宮，以『財庫空』而論。若只有一個天空、地劫與之同宮，則還有財。也還能存錢，但有耗財損失之虞，劫空雙星和天府同宮時，是真正的財空無財，頭腦亦會不實際、清高、無用。

天府入命宮之特質

凡天府入命宮時，正常狀況是年輕時，面色為青白色。老年時為黃白色。為長方或長圓型臉型，中等身材，微胖不壯，性格上是外柔內剛、高傲，外表又像似溫和、但內心又有爭權奪利之心。命、遷二宮有羊、陀、火、鈴、化忌、劫、空時，面型及身材會有變化，會較瘦或虛胖及高矮不定，性格也不一樣，易起伏不定或善變。

天府坐命者，外柔內剛，內心多機謀，愛疑神疑鬼，自我保護色彩濃厚。凡事小心謹慎、又操心、又嘮叨，大小事情都要親力親為，由自己過問比較放心。

天府坐命的人來算命的時候，總是打很多次很多次電話，先詢問價錢，再詢問論命方式，再詢問旁邊有沒有人或有沒有人會偷聽得到，再詢問資料會不會外洩？有時還要用假名來算命。因此不用算就知道他是天府坐命的人了。這種謹慎的態度也和擎羊坐命的人很像。

我們看天府坐命者的夫妻宮都有一顆破軍星，這表示他的內在思想是和別人不一樣的，會有奇怪的思想，和不守常規，會突破一般傳統觀念、傳統道德，或是相異於一般人正常運作事務方式的思考模式。所以天府坐命的人的性格和外表是一個矛盾的組合，外表都是長相端正美麗、老實忠厚型，又像是會坦白，心地很慈善的人，做事規規矩矩、一板一眼，好像也與世無爭，表面上會是個老好人，有點懦弱，沒什麼衝勁和魄力。其實天府坐命的人私下常有婚外情，或做人情婦，或有地下秘密戀人。也許生活太規律，或環境太保守了，總要出軌一下，才有一種歷經冒險刺激所得到之快樂。天府坐命的人，愛情運和夫妻運不算好，主要是起先對情人和配偶企盼太多，他們表面上很會分析事情，卻用了太多的理由來分析自己的感情和行事風格，為自己造就了太多的理由和藉口，以至於婚後才發覺自己的選擇似乎問題多多。**天府坐命者，有貪狼星在福德宮**，表示本命就貪，喜歡貪物質享受或一些表面是優質的、幸福的事，是故他們會勇於嚐試新的愛情或詭異的思想生活的模式。所以天府坐命者一生會有很多不同類型的愛情片段。

天府和天相坐命的人，常覺得自己和別人是不一樣的人，是化外之民。在性格上他們也不喜歡和別人歸類為同一種人。事實上天府和天相坐命者也確實與其他命格的人不一樣。天府和天相坐命的人其『夫、遷、福』是『殺、破、狼』格局，他們有時會像『殺、破、狼』坐命的人一樣打拚，但奮鬥力又好像並無『殺、破、狼』坐命的人那樣勇猛。他們外表溫和，有時又會像『機月同梁』格的人拿不定主意，或有些慵懶。其聰明度及反應能力也比天機、太陰的人慢半拍，必須稍為停頓一下，才能反應過來。所以從性格和思緒脈絡來講，自然是居於『殺、破、狼』命格及『機月同梁』命格兩者中間的另一種命理格局的。

天府是財星，會存錢和理財，計算利益和數字的能力好，天相也會理財，這兩種人的一生都能過平順富裕的日子，不為錢愁。而一般大眾中窮困者居多，又理財能力不好，是故天府和天相坐命者的這種天生優異特質，就會使得他們驕傲和自大，會講些目中無人的話了。事實上，天府和天相坐命者未必能出生在富裕家庭或環境之中，因本命帶財，又帶有先天善於計算的天賦，因此感覺上比周圍的人生活略好而已。

天府坐命者多出生在小康或不富裕的家庭之中，等他出生之後，家庭才慢慢發達、富裕，漸有餘存，再慢慢富有起來。所以他是給家中帶財來的人。如果命宮中再有羊、陀、火、鈴、劫、空等星同宮的人，表示是刑財格局的人，本命的財少，對家庭也未必有利了。

天府單星坐命的人，財帛宮都是空宮，官祿宮有天相入宮，表示手中可掌握的錢財是空茫的，唯有靠穩定的工作，兢兢業業打理事業才能存錢，有錢入庫。**天府雙星形式坐命的人**，財帛宮會有財星、官星入內，所賺的錢會比天府單星坐命的人多。如紫府坐命的人，財帛宮為武曲居廟（財星），武府坐命的人財帛宮是廉貞（官星），廉府坐命者的財帛宮是紫微（官星）等等皆是。

天府坐命者，本身為田宅主，其田宅宮又都有巨門星，表示他們喜歡買房地產來儲值存錢而主富。但是家中也多是非、紛爭，或有不和的狀況。也容易是雜亂的大家族，家中人口眾多，自然也口舌是非不斷了。女子若為天府坐命的人則會份外勞碌，為家庭付出很多。婚前婚後對娘家或夫家都會很辛勞的付出。

天府坐命者，其遷移宮都有一顆七殺星，表示其環境中就是一種較凶悍對他有刑剋的環境，使他必須付出很多勞力打拚，才能得到自己想要的東西。七殺的環境也代表是一種悶著頭苦幹，不算聰明，有些笨或不識時務，理解力不強的環境。因此天府坐命的人，在反應能力上也會有速度不夠快，機智沒那麼好的狀況。

天府坐命的人對錢財小氣、吝嗇，有自私的一面，又喜愛物質上的享受，並有偏私的心態。倘若在大環境中有裡外之分，他會對自家人較好。倘若在自己家庭中來講，他又會重視自己本身的利益享受。因此天府坐命的人心態上的保守、小氣、吝嗇，是和祿存坐命的人不相上下的。

天府坐命者好物質享受，是生活上吃穿的享受，喜用高貴、精緻的用品，因其在『命、財、官』或『夫、遷、福』等宮會有紫微星進入的關係。同時，天府這顆星本身就代表好享受，喜歡好的吃穿及精緻用品。無論天府出現在那一宮，都代表是好享受的人。出現在夫妻宮，本人及配偶都好享受。出現在父母宮，父母生活富裕，也是注重享受的人。但這種享受的標準是以你本身的生活環境來看的，而不是以普遍社會標準來看的。假若你很窮，父母也只是比你富裕有錢一點，而未必是社會上富翁級的人物。

府相同梁《上冊》

第二節　天府的格局

天府的格局

1.『府相朝垣』

書云：天府、天相為衣祿之神，為仕為官，定主亨通之兆

此指天府、天相在三合宮位相照來朝，會有穩定的工作，生活

平順，有亨通之兆。或命宮為空宮，財、官二宮有天府、天相，三合照臨，亦為『府相朝垣』格。若府、相皆在廟旺之位，有出仕為官的貴命。

2. 天府臨戌有星扶，腰金衣紫

廉府坐命戌宮，財帛宮是紫微，官祿宮是武相。若再有左輔、右弼在命宮，或是己年生，官祿宮有武曲化祿、天相，福德宮有貪權化權的人，亦或是庚年生的人，官祿宮有武曲化權、天相的人，都能在事業上得到大錢財，或事業發達，能做大官或主富貴，這是有吉星相扶之故。

府相同梁
《上冊》

3. 『紫府朝垣』食祿萬鍾

此指紫微、天府在對宮來朝。如七殺在寅、申宮坐命，紫府在遷移宮來朝，稱之。或是紫府在三合宮位來朝。例如武相坐命，財帛宮為廉府、官祿宮為紫微。或是廉相坐命，紫府在財帛宮來朝。或是武曲坐命，紫府在官祿宮來朝，稱之。此皆主富貴，有良好事業，及富裕人生。

4. 『人君訪臣』格

三合宮位上有紫微、天府二星三合照臨，稱之。此格與『紫府朝垣』格類似，以廉貞坐命寅、申宮，財、官有紫相、武府相照。或是武相坐命寅、申宮，財、官有紫微、廉府相照。或是七殺坐命寅、申宮，對宮有紫府相照者，稱之。有受舉薦主貴之貴命。但『命、財、官』必須無煞星同宮。若有化忌、劫空、羊、陀、火、鈴同宮者，為平常人之命格。

5. 紫府同宮，終身福厚

此指紫府在寅、申宮安命的人，因財帛宮是武曲居廟，官祿宮是廉相，無刑剋，終身在錢財、事業上較平順多財，為福厚之人。

第三章　天府的形式

天府若以組合形態來講，分為單星形式和雙星形式（包括紫府、廉府、武府）。若以刑剋來論，天府是財庫星，歸類為財星，若有刑星同宮，為『刑財』形式或『形庫』的形式，會財少或財庫破了，留存不住錢財。倘若與陷落的昌曲同宮也會『刑財』和『刑庫』。

第一節　天府單星形式

天府為單星形式時，只有在丑、未宮是居廟的，在酉宮居旺。其他在巳、亥、卯宮皆居得地之位。天府的旺度是沒有居平或陷落的。因此天府是到處為福。天府代表人天生賦與之財祿，也代表人生命的資源。更代表你命中財庫的多寡，因此天府和居旺的吉星同宮，財庫會稍大。和刑星同宮時，財庫較小或沒錢，有漏洞，和劫空同宮時，是財庫被劫空的狀況，表示是空的財庫。

天府單星的形式

天府在丑、未宮居廟時，財庫最大，財最多，存留儲蓄也多。

在酉宮居旺時，較次之，財也旺盛，財多。在巳宮，天府居得地之位，但巳宮為火土旺地，故為第三等級的財。在亥宮，雖也居得地之位，實巳比在巳宮財少很多了，但仍有財，好存錢。在卯宮，為屬木之宮位，天府屬土，在木宮受剋，故財較少、較小，但仍有財，只是沒有在丑、未、酉宮的天府財多而已。

『天府和擎羊』同宮的形式

『天府和擎羊』同宮的形式，是『刑財』和『刑庫』的形式。但這種刑剋，會以所在的宮位不同，刑剋的層次與嚴重性有所不同。例如在丑、未宮天府居廟和居廟的擎羊同宮，天府的財厚重，被強悍的擎羊刑剋，會依然有財，但其人會奸詐、不正派，也易耗財、勞碌、命短，易不善終，會用奸詐的手段來賺錢，雖做不了大富翁，但仍能過富裕日子，只不過自己很辛苦，又吝嗇，為富不仁而已。**天府、擎羊在酉宮時**，其財富規格會小很多，因擎羊居陷的關係，只是一般普通人的生活之資而已。**天府、擎羊在卯宮時**，其人就窮，不算富裕了，生活會較緊縮，人也小氣寒酸。

當天府、擎羊在丑、未宮時，對宮為廉殺，彼此相照，形成『廉殺羊』之惡格，亦為『路上埋屍』格，其人會身體不好，亦會為車禍喪生，故稱不善終。**當天府、擎羊在卯、酉宮時**，對宮為武殺相照，形成『武殺羊』之惡格，會為錢財之事而喪命，此亦為『因財持刀』之格局，故也會不善終，易因錢財被人殺死。上述這些狀況，也都是因『刑財』、『刑庫』而刑到生命之財的緣故而起的。當大運、流年、流月三重逢合時即是災期，要精算時間而預防之。

天府、陀羅同宮的形式

天府、陀羅同宮的形式也是『刑財』及『刑庫』的形式，但不會像『天府、擎羊』的形式在刑財上刑剋那麼凶，『天府、陀羅』是財庫慢慢磨破了，耗財慢慢耗光了，或是因愚笨或理財能力較差而耗財磨光的。『天府、陀羅』的形式會在丑、未、巳、亥四個宮出現。

『天府、陀羅』在丑、未宮時，『刑財』及『刑庫』也不算太凶。因天府和陀羅皆是居廟的，故而還會有財過富裕日子，只是較蠻幹、頑固，理財能力不好，或受騙，而損失財、耗財。但要小心，因對宮有廉殺相照，會形成『廉殺陀』之惡格，也會因車禍身亡。

『天府、陀羅』在巳、亥宮時，因天府只在得地之位，而陀羅居陷，故財會少很多，只有衣食生活的錢而已，已不算富裕了。尤其在亥宮，是有點窮的狀況。對宮有紫殺相照，仍要小心車禍，但不會因車禍而亡。只是易有血光傷災而已。

※很多命書上說：『天府能制羊刃為從，化火、鈴為福』，這是不正確的。天府為財星，最怕刑星刑剋，會財少或無財。從印證中顯示，天府、擎羊同宮入命的人，天府的特性會被擎羊所驅使奴役刑則，實際是擎羊制天府為從了。天府與火、鈴同宮時，又受火、鈴之刑剋，會衝動耗財，損失財祿，也是不吉之事，也不能為福。

天府、火星或天府、鈴星同宮的形式

天府、火星或天府、鈴星同宮時，要看在何宮位，要看天府的旺弱，以及火、鈴的旺弱，來定刑剋的多寡及嚴重性。

『天府、火星』或『天府、鈴星』入命的人，會性格古怪、衝動，頭腦有怪怪的聰明，性格急躁火爆、思想和常人不一樣，喜歡時髦和新鮮的事物，對自己更大方，對別人小氣，錢會花在自己身上，花得很痛快、乾脆，花在別人身上則小氣、吝嗇。會因衝動而耗財，不易存留得住錢財。

當此形式在丑宮時，天府居廟，火、鈴也居廟，財還很多，只是浪費而已，生活也還富裕。會為自己買一些時髦、新鮮的物品、享受。

在未宮時，天府居廟，火、鈴居平，財會消耗得快，但仍有錢。

在酉宮時，天府居旺，火、鈴居廟，也是因新奇感與衝動耗財，但仍財多，耗不完。

在卯宮時，天府居得地之位，火、鈴居平，有剛夠吃飯之財祿，但衝動耗財多，也易貧窮。

在巳、亥宮時，以在巳宮還有財，消耗較多而已。在亥宮，會貧窮，又衝動耗財，財不多，會接近貧窮了。

天府、文昌或天府、文曲的形式

天府、文昌在酉宮時，雙星皆居廟旺位，會精明幹練，特別會算錢記帳，對金錢敏感，為一具有氣質又精明的公務員或薪水族角色之人物。文昌會增加天府之財富，故能成為有知識、有格調之富足之人。

天府、文昌在巳宮時，文昌居廟、天府居得地之位，文昌也能增加天府的財富，其人也會精明幹練，由小康而增富，進入富人行列。

天府、文昌、文曲三星同在丑宮，天府、文昌、文曲三星皆居廟，其人為桃花多，雖精明，但為靠異性而主富，過富裕日子的人。**三星同宮在未宮時**，文昌居平、文曲居旺，天府居廟，其人也是桃花多，靠異性過富裕日子，但並不主富，因其人精明度不強之故。

天府、文昌在卯宮，文昌居平，天府居得地之位，只是外表還斯文，生活還過得去，並不富有。

天府、文曲的形式，在命、財、官、遷等宮，都是桃花多的人，性格油滑、口才好。易做文職、經商或靠異性來賺錢。**在酉宮、巳宮入命時**，較富裕，能增多財富。**在卯宮或亥宮的人**，是普通生活過得去的人。

天府、左輔或天府、右弼同宮的形式

天府、左輔或天府、右弼同宮時，大多能幫助天府增多財富，並能儲蓄生財。使錢財入庫的機會多，速度快，使其人更富有多金。此種形式會依天府的旺度而增加其財富的等級。例如天府居廟、居旺的時候，會成為大富，天府居得地之位時，左右會使其財富等級多增加兩級。但是在命理中左輔、右弼是要一起看的。當這邊天府和左輔同宮在增加財富時，另一個右弼是否正在另一個三合宮位中製造混亂，這是需要觀察的，所以這種『天府、左輔』或『天府、右弼』的形式，就整體命格而言，是吉、是凶，還不能就此論斷。

當天府、左輔在酉宮時，在巳宮為空宮有右弼獨坐，相照巳宮的是廉貪。因此當天府、左輔為命宮時，右弼是財帛宮，表示本命有人幫忙生財，自己很會賺，又會打拚，但手中錢財不富裕，易是因人而貴，靠別人才有工作和財祿之人。倘若天府、左輔為財帛宮，則官祿宮為右弼，有廉貪相照，其本命為天相居廟坐命丑宮的人。其人未必很會賺錢，有人幫助錢財增多，但工作職位低，很可能是幫傭、被雇用做助理跟班之類工作的人。(『天府、右弼』在酉宮，巳宮為左輔，有廉貪相照，請參考前者解釋)

當天府、左輔、右星二星同宮在丑宮或未宮時，有特殊之意義。左右同宮，在丑、未宮為桃花格局。左、右亦會增加天府之財富。但此形式是因異性桃花關係而錢財增多，而富裕，也會因結婚關係而富有。這也是因人而富貴的形式。

天府、左輔在卯宮時，亥宮會有右弼入宮，而有廉貪相照，這也表示有人幫忙生財，在工作上，也靠別人有財祿，也可能是靠人生活之人，或是做幫傭工作，助理或跟班之工作，但錢財不算太多。

『天府、左輔』在巳宮時，酉宮會有『天相陷落、右弼』。當『天府、右弼』在巳宮時，酉宮會有『天相陷落、左輔』。當『天府、左輔』在亥宮時，卯宮會有『天相陷落、右弼』。當『天府、右弼』在亥宮時，卯宮會有『天相陷落、左輔』。上述這四種狀況的解釋是當本命有人幫忙有錢，增加財富時，而工作上就會愈來愈慘，或沒工作。所以呢！此人會靠人吃飯，而不工作，或工作不穩定，窮困、周轉過日子。

天府、天空或天府、地劫同宮的形式

天府、天空是『財空』或『庫空』的形式。天府、地劫是『劫財』或『劫庫』的形式。當天府只和一個天空或只和一個地劫同宮時，財還不全空，財也劫不完，仍有財，只表示你常有頭腦空空、不實際的想法，當你頭腦有奇怪想法時，或不實際，不認真留意時，就會被劫財及耗財，損失財了。所以一定要認真理財，常常計算錢財，才會不落空。

當天府、天空在酉宮時，丑宮會有天相、地劫。當天府、地劫在酉宮時，丑宮會有天相、天空。倘若酉宮是命宮，丑宮就是官祿宮，因此若命宮是『財空』、『庫空』時，事業上就是『劫福』、『劫印』的格局。如果命宮是『劫財』、『劫庫』時，事業上就是『福空』、『印空』的格局。這些都表示是不用腦子，就事業做不好，賺不到錢，會窮，也管不了事，也會是沒有成就的命運。人生中多起伏波折，始終高不成、低不就，蹉跎了一生。

當天府、天空在卯宮，或天府、地劫在卯宮時，也是和前者一樣，官祿宮有天相、地劫或天相、天空，也是頭腦空空，一生無大成就，生活也不算富裕，一生多波折，工作不長久了。

天府、天空、地劫三星同在巳、亥宮的形式

命格中若有天府、地劫、天空在巳宮或亥宮出現時，其必為午時或子時所生之人。當有此現象時，表示財庫本身就空，又逢劫財，故財庫真的空空了，**此格若在命宮**，會頭腦不實際、清高，不重錢財，做事沒有耐心和恒心，也會做事不長久，斷斷續續，或不工作了。會偏向宗教，過消極的生活型態，一生無成就。**在財帛**

宮，手中錢財空空，不會理財，也不重錢財，手中常沒錢，即使有錢也花得快，一定要兩手空空才會舒服。其人也不太打拚，工作不長久或不工作，易靠他人生活，也易寄身宗教。**在官祿宮**，表示其人在與錢財無關、或不重要的事上會特別聰明，但在對其人生有利、或多賺錢財方面之事，則不愛做或較愚笨，或有特殊的想法。因此在上學讀書的時候，要看大運的運氣好壞，大運好時，而且連續有好運，則其人能讀到大學畢業。大運不好，容易中途輟學。在工作時，也憑運氣，大運好時，會工作，大運不好時，賦閒不工作。其人有清高、遠大的理想，但一生不實際，打拚能力也不強，因為這是財空、庫空的格局，因此做與錢財無關，高尚但不收錢，沒有薪水的工作會時間長一些，沒有賺錢養家的能力。此格式無論在命、財、官、遷等宮的人，都易接近宗教、不婚，或離婚。**在夫**

妻宮，亦無配偶，也沒事業。**在子女宮**，會無子女，家中無積蓄。**在兄弟宮**，無兄弟，或不相往來。**在父母宮**，會無父母，本身身體也會差，有生癌症的狀況，生命也不長。**在僕役宮**，會沒朋友、較孤獨。

當命格中有天府、地劫、天空出現時，因相照的關係，也會影響到對宮成空，因此其人生容易呈現一片空茫現象，尤其當大運、流年、流月行經此形式時，容易頭腦空空，有病災、傷災、破產、破耗等事，或工作不順利、失業、窮困等問題產生。

天府和文昌化忌同宮時

天府和文昌化忌同宮時，其人必是辛年所生之人。要看天府和文昌化忌坐落於何宮位?來定天府和文昌化忌的旺度，再來看其代表意義。

天府和文昌化忌在酉宮時，天府居旺、文昌化忌居廟，表示其人會有奇怪的計算能力，計算利益或數字的方式奇怪，價值觀也奇怪，學習能力奇怪，讀的書也奇怪，人生中會有波折，但問題不大，會繞一大圈，又回到原來的路途上，仍會有衣食之祿的錢，或經由奇怪的方式而得財，但會白花了許多力氣。在事業上會有蹉跎現象。其頭腦會有古怪的精明，也有古怪、糊塗的一面，其人本命的財還是受刑剋了。

天府、文昌化忌在卯宮或亥宮，天府居得地之位，文昌化忌居平，表示財不多，又有古怪的想法和計算利益的方式，在讀書方面易受挫，在工作和賺錢上都易進展不大，易換工作，做不長，計算能力不佳，或頭腦有古怪思想，或古怪的計算利益與數字的方法，但有些笨，不被人苟同。此人本命財少，也是因頭腦不清楚所造成的。

天府、文昌化忌在巳宮時，天府居得地之位，文昌化忌居廟位，表示本命財不算多，能過普通人的日子，頭腦有些古怪，偶有不清楚、不實際的問題。但古怪的價值觀，或計算易出錯的問題不算太大，只是會在事業上繞大彎了，工作起伏變化多一些。會白花力氣，賺的錢沒想像多而已，仍能有衣食。

天府、文曲化忌同宮時

天府、文曲化忌同宮時，是己年生的人，**在卯、酉宮時**，因對宮有武曲化祿、七殺，並有擎羊在酉宮出現，這個現象實際就是『祿忌相逢』帶羊刃的格局，因此會財少、較窮、辛苦，財又都被刑剋掉了，是表面看到一點點錢，但消耗、消失得很快。此格局若在命、財、官、遷等宮出現都表示無法成名，打拚力量有問題或不打拚，打拚無效，因此依然是窮的。且易有傷災、車禍，或錢財、人緣上所引起的災禍問題。其人的身體也不好，有開刀狀況和病痛。

在巳、亥宮時，會有陀羅同宮或相照，表示錢財上有是非口舌及麻煩，也會常不出現財運。**當『天府、文曲化忌、陀羅』在巳宮時**，酉宮會有天相陷落、文昌同宮，此文昌和對宮之廉破又形成『窮』的格局。因此命格中容易出現兩種主窮及刑財格局，自然會工作不長久、不順利，一生較難有舒坦日子了。

『天府、文曲化忌』在亥宮時，對宮有紫殺、陀羅，而卯宮有天相陷落、文昌。因此，命盤上主窮和頭腦不清、較笨、較慢，打拚能力不足、不強的格局，仍糾結在一起，仍是工作能力不好，做事不長久，易窮的命格。

天府、文昌化忌、文曲在丑、未宮同宮時

天府、文昌化忌、文曲在丑、未宮同宮時，在丑宮，天府居廟，文昌化忌與文曲皆居廟，且昌曲同宮有特殊的意義，代表桃花。故此格局的意義是：其人臉上有痣，其人會用奇怪的價值觀做一些判斷，也會擁有奇怪的桃花，或沒有桃花。口才好，其人頭腦不清，計算能力不好，但有時看起來又正常，易靠人過日子，也能有一些錢財，但不會太富有。**在未宮**，文昌化忌居平，錢財較少，也常計算能力出錯，價值觀混亂，有奇怪的桃花，會靠人過日子，有衣食而已。

天府、文昌、文曲化忌在丑、未宮時

天府、文昌、文曲化忌在丑、未宮時，在丑宮，桃花少，或有古怪桃花，為人精明，計算能力好，口才差或易引起是非。會存錢或進財，易孤獨。其人臉上會有痣或胎記。其人之人際關係也會身邊常一下子有人，一下子無人。有人時很熱鬧，但時間很短，戀愛也時間短，無人時，很冷清，也沒有戀愛對象。此格局易靠桃花來靠人吃飯、給錢。但給錢的人有時會出現一段時間，有時又沒人養了。其人一生無法出名，或易無法做正牌配偶，但錢財上還有生活富裕之資，也會理財。**在未宮，**其人的財富較少，理財能力也較弱，其他的狀況亦如前者。

第二節　天府雙星的形式

天府雙星的形式，是指紫府、武府、廉府等形式。這些雙星的形式是和單星形式是完全不相同的命運體，也是不一樣的人生意義。

紫府是紫微、天府兩顆星的共同組合而形成的新的一種命格或命運體，它會單獨存在，並擁有自己特殊的意義和人生命運。絕不是像一般人認為是紫微之意義加上天府之意義，兩種相加的總和。它絕對是單獨的、與眾不同的意思。我們看紫府雙星形式，只會出現在『紫微在寅』和『紫微在申』兩個命盤格式之中，而且三合宮位的星曜，固定是武曲居廟和廉相。他有他自己的命運形式，他和紫微單星的命運和性格都不一樣，也和天府單星的命運和性格不一樣，故不能將之看為紫微和天府相結合的意義。因此他是獨特的、新的一種命格或命運體了。其他如武府、廉府的雙星形式也是一樣的，同樣是新的、獨特的一種命格和命運體。所有的雙星形式，都是與眾不同，獨有的、新形成的一種特殊的命格和命運體。此觀點希望讀者明瞭，不要和其他單星命格或命運形式來混為一談，否則命就算不準了。我們看許多網路上算命解釋中，為了方便、簡單，都喜歡在寫程式時，只寫單星的性質及意義，有些算命師也會犯這個毛病，當這個人是雙星坐命時，電腦就會抓兩個單星的意義來組合給你，常牛頭不對馬嘴，或有相互矛盾的情形。尤其當解釋行運時，問題更嚴重。例如命宮或某宮是『天府、擎羊』，就把天府的好的解釋抓進來，再把擎羊壞的解釋抓進來，組合了一個解釋，於是就前後矛盾了。起先前面的文章看是好的，後面的文章又不好了。同樣的，『天府、擎羊』這樣的『刑財』、『刑庫』的命格也是單獨存在的一種、新的命格和命運體。

就像紫微和紫府是不一樣的命格。紫府又和『紫府、陀羅』或『紫府、祿存』又是不一樣的命格或命運。紫微命格的人的人生，是和紫府命格的人生行運都不一樣。紫府又和『紫府、陀羅』、『紫府、祿存』不一樣。紫微坐命或紫微的運程，會凡事平順、好運多、愛享福，常有別人幫他做事，自己有點忙，是忙著交際，不會太累。紫府的命格要自己做、自己忙，也想享福，但自己享一點吃穿之樂就很好了，仍忙碌不停，但會富裕，心態上認為錢多就好了。『紫府、陀羅』的命格，人會較笨，財也沒那麼多，存錢有瑕疵，會花費或耗費一些笨錢、無謂的錢財。賺錢也沒那麼多。『紫府、祿存』的命格，很保守，財富也少，只是衣食溫飽，不愁吃穿而已。並且是一般小市民之命格，一生無大發展，注重家庭生活，愛自己及愛自己家的人比愛別人多，也只管自己家的事，不愛管外面的事，故事業上也少打拚，會做公務員等退休，沒有做大事業之心。你看！命格這麼多不同、不一樣的狀況，豈能分別用兩個星來組合其意義？那一定會產生相互衝突的狀況的。因此我們要切記這個要訣，才能命算的準！

有關『紫府』雙星形式的特質、格局和內含意義，請參考上一本書《對你有影響的『紫廉武』》中第三章第二節『紫府的形式』（第69頁）的內容，不再贅述。

『武府』雙星形式的特質、格局和內含意義，請參考上一本書《對你有影響的『紫廉武』》中第十一章第二節『武府的形式』（第

369頁）的內容。

『廉府』雙星形式的特質、格局和內含意義，請參考上一本書《對你有影響的『紫廉武』》中第七章第二節『廉府的形式』（第228頁）的內容。

府相同梁

《上冊》

十干化忌

地劫天空

第四章 天府在『命、財、官』、『夫、遷、福』對人之影響

第一節 天府在『命、財、官』等宮對人的影響

當天府在『命、財、官』之三合宮位出現時，要看你的天府星是什麼樣的形式，而定天府為你帶來的財祿有多少，以及儲存、儲蓄的能力有多少？這也是說天府的形式決定了你天生的資源多寡，

和後天的享福及能承受財的能力有多少了。

很多天府坐命的人，在印出自己的命盤時，很為自己的命格驕傲。尤其是很多書上都寫著：『天府坐命者主富』，甚是歡喜，但思前想後都奇怪自己為何仍不富裕？仍窮，或存不住錢。有些人甚至不工作，而想主富的。這些當然就和你命格所組成的形式有關。也和天府所在宮位的旺度有關，更和屬於那一個命盤格式有關。天府居廟或居旺，或在得地之位，再與刑星羊、陀、火、鈴同宮的形式所刑的財就各自不一樣了。這也形成每種命格所帶財祿之層級高低。有刑財形式現象的天府坐命者所帶之財和無刑財現象之天府坐命者所帶的財相差也甚遠，所以不是每一個天府坐命者都主富，或都會有錢、存錢的。這和有無刑財形式及財庫大小或財庫有無破洞有關。但其人一定還是會具有天府特性的對錢財保守、小心、愛搜集財，使財入自己之庫，想獨攬財權，對自己家人或自己較大方，對外人較防密甚嚴，有自私的狀況。

天府在那一宮，那一宮就自私、小氣、計較、愛享福，有財可享，計算能力好，以利益較量為出發點，對自己無利之事不會做，也不會投資別人，喜歡把財看守在自己家中，那怕自己的財庫是個有破洞會漏財的財庫也好。

天府在命宮時，代表你自己本身是個財庫，但這個財庫是給別人用的。所以你的財帛宮是空宮，要等有機會別人來存錢時，你才有錢，所以你的官祿宮是天相，會幫別人數鈔票。有時是幫你的老闆數，有時是幫你的家人數。就像蔡萬霖是台灣首富，非常有錢，事業體龐大，賺了很多錢，他就是天府坐命酉宮的人，財留家族子孫，因此是幫他的家人數鈔票的。或是幫別的投資人數鈔票的。**當**

府相同梁
《上冊》

天府在財帛宮時，是手中掌握財庫，你是管財庫之人，也是有福來掌握管理財庫之人，自己手上錢財流通得多。但你的官祿宮是空宮，表示本身的智慧不是很高，工作形態、工作成就也不強勢，你的財只是他人之財，由你暫管而已。只是你摸得到財，是過路財神而已。**當天府在官祿宮時，財庫在事業或工作上**，表示你的工作會讓你賺到富足充沛的錢財。你也很可能是做與錢財、算帳、記帳有關的工作，或是在金融機關工作。你也會幫別人數鈔票。你也雖然收入好一些，但大財仍是別人的。

我們從命理格局來看，天府和天相是難兄難弟，總在三合宮位中相逢，但在他們的合作關係中，總有一方是虛位以待。在空宮位置上，會有另一個角色的人來入座的。要再來一個強勢色彩的人才能將之組合成三角鼎立之勢，否則天府和天相的人，是做不了什麼大事的，也在個性上不合，彼此不欣賞、不太理睬，或少來往的。

因此我們可以看到當天府在『命、財、官』之中，而天相也在『命、財、官』之中，但『命、財、官』之中也會另有一個空宮位置留了出來，所以形成一不平衡的狀態，也無法形成鐵三角關係。也因此在人命中會形成『命、官』好了(本命有財，事業平順)，但財不好，手邊錢財較少的狀況，或是『命、財』好了，『官』不好，事業不行、較弱。或是『財、官』好了，而本命為空宮，頭腦空茫。這當然會影響到人的本命和行運的好壞。『命、財、官』是人生基本架構，缺了一角，使人生中有起伏不定，或會坍塌的現象，這是十分讓人憂心的。因此天府雙星形式在三合宮位上，每一宮都有星曜，而且有紫、廉、武這些官星和財星同宮助威，自然天府雙星形式的財會比天府單星形式的財要大很多的。而且打拚能力、智慧、計謀也更好的。天府的財都是必須要工作才有財可進。紫府、武府、廉府坐命者的打拚能力、工作能力會更勝於天府單星坐命的人。而紫府、武府、廉府等命格的財庫也比天府單星命格的財庫大很多。

我在『紫、廉、武』這本書中也提到：紫府的財庫是像帝王或公家的財庫。武府的財庫是大財主、富豪般的財庫。廉府的財庫是一般平常富裕之人的財庫，或是小生意人之財庫。因此所有人財庫的大小、等級都已分出來了。

天府單星和紫府、武府、廉府所代表財庫的差異，是前者會為他人數錢，而後者雙星形式的命格可以為自己數錢。天府單星坐命的人，普通是衝勁和魄力不足的，除非『夫、遷、福』有化權星的人，才會有衝勁和魄力。而紫府、武府、廉府等雙星坐命的人，則不需有化權，本身就衝勁十足、魄力十足了。若再有化權相助，更是銳不可擋。因此有天府在命格中的人，無論在『命、財、官』，仍是勞碌不停的人，但勞碌也有等級之分，天府單星在『命、財、官』之人的勞碌是斷斷續續的勞碌，是靠運氣有節奏感之勞碌，勞碌一下又停一下，再勞碌。而紫府、武府、廉府在『命、財、官』之人是持續不停的勞碌方式的。

天府坐命者的桃花強不強呢？

天府單星坐命的人，除非『命、財、官』三方有文曲居廟進入，或是昌曲同宮（在丑、未宮）在『命、財、官、夫、遷、福』等宮的人，會桃花強。否則一般沒有上述這些格局的人，都桃花不強。倘若你覺得異性也很愛靠近你，**那是因為你是財星帶財的緣**

故，別人是受你所具有的財星吸引而來的，那不是桃花。你會發覺靠近你的異性都比較現實。

天府單星坐命時，對宮（遷移宮）是廉殺、武殺、紫殺。廉貞和紫微是帶有桃花的星曜，但與七殺殺星同宮，桃花都被殺星刑剋掉了。這也代表環境中就是一種桃花少的環境。

遷移宮是廉殺的人，你是天府坐命丑、未宮的人，你周圍環境中所出現的人是頑固、愛鑾幹、較笨，會悶著頭自己做事，對人較冷淡的人，因此你會人緣關係不強，有自己內心的想法，有時會內心強悍、偏激，外表看起來還忠厚老實，但對男女關係不積極的人。天府坐命丑、未宮的人，其夫妻宮為武破，表示內心窮，對人所付出的感情少，而且是內心剛直，不會說好聽話的人。配偶也不富裕，因此你們所找的對象，會以其收入多寡、工作穩不穩定為一個標準。你們認為生活過得去，有吃穿，有一棟房子可住等經濟能力的配偶就合標準了。因此在挑情人或配偶對象時，是以經濟狀況為主。同時你們也是不羅曼蒂克的人。其人的福德宮雖是紫貪，這只表示其人愛享福，天生喜歡平順生活，要求並不多。

倘若遷移宮是廉殺、文昌、文曲同宮的形式，這也是一種刑剋桃花的形式。會有桃花、異性緣，但不長久，容易有一段、一段或一個時期、兩個時期的男女關係。

倘若天府坐命丑、未宮者之福德宮有紫貪、擎羊，或財帛宮有擎羊獨坐、相照福德宮的人，也會桃花少，不易結婚。

遷移宮是武殺的人，你是天府坐命卯、酉宮的人，你周圍的環境就是『因財被劫』的格式，故環境中所出現的人，皆是性格剛直、頑固、較窮、勇猛、衝動之人。這些人既說話不好聽，對你較凶，不羅曼蒂克不說，最常和你談的是錢的問題，所以桃花少。你的夫妻宮是紫破，表示你是外貌協會的人，喜歡外貌長相氣派、美麗，言行有些霸氣、活潑、耍得開，最好有些聰明鬼怪，風趣又會耍點小手段，有點壞壞的感覺都沒關係的人。你不會喜歡太死板或長相醜、不高的人。所以你容易有出軌的愛情，有時也刻意去尋找此等愛情。你的福德宮是廉貪，表示天生享福少，天生本性中有一些劣根性，會貪一些不好的桃花。因此天府坐命卯、酉宮的人易有婚外情或不倫的感情。這些都是你自己去迎合或尋覓而來的，有了不倫感情後，你也不易有正常的婚姻。有的人會為了維持不倫感情而不婚或離婚。

當天府坐命卯、酉宮的人之夫妻宮是紫破、文昌、文曲同宮時，你會為了戀愛對象的外型優美、臉部及身材好而和他戀愛或結婚，但時間不長久。情人或配偶只有外表但沒有錢，會使你很痛苦。你也可能同時擁有好幾個情人，有些是外型美麗的，有些是在錢財上能支助你的。你擁有不倫愛情的機率非常高，幾乎是百分之百的常在情人中間跳槽，或同踏幾條船，更容易成為劈腿族的一員。

天府坐命卯、酉宮的人，當遷移宮是『武殺羊』時，桃花少。當夫妻宮是『紫破、擎羊』時，桃花也少。當財、福二宮有文曲、文曲時，會是糊塗的爛桃花。當財、福二宮有陀羅同宮時，會形成『廉貪陀』之『風流彩杖』格，也會有爛桃花及笨桃花，而傷害到自己。

當遷移宮是紫殺時，你是天府坐命巳、亥宮的人，你周圍環境是自以為高尚、冷淡的環境。周圍出現的人，也是這種高高在上，對你嚴峻、冷淡、不體貼、較凶的環境。所以你會戰戰兢兢的過日子，周圍環境也是桃花少。你的夫妻宮是廉破，表示你內心的感情常是灰色思想多一些，對很多事所存希望不大，一切較無所謂的，不知所錯的，所以你在談戀愛或選對象時條件不嚴剋，容易有破碎，不完整的愛情。也容易挑選到較窮或條件比你自身差的配偶。你本身付出的感情少，或帶有奇特的感情模式，因此容易不婚或離婚。你的福德宮是武貪，表示你本性剛直、強悍喜歡做事，但又喜歡強出頭，所以較勞碌。此命格的人，桃花機會不多。只有走到同陰運，機梁運，陽巨運時桃花多一些，武貪運會因愛賺錢，賺錢的錢會多而忽略桃花。同陰運是最好的桃花時間，機梁運，不主財，且是需靠人、靠長輩介紹的桃花。陽巨運會是有口舌是非的桃花，此運較弱，但女性用之較好。

目前從統計學上看，天府單星坐命者，是最多不婚族的人。或是離婚單身的人，這是夫遷易受到刑剋的問題所致。

天府雙星形式的人，桃花會稍多

天府雙星形式命格的人，就是紫府、武府、廉府坐命的人，而以紫府、廉府坐命者的桃花較多，武府坐命者桃花較少。

紫府坐命者，命宮的紫微就帶有桃花，故是本命就帶有桃花，再加上三方面官祿宮有廉相，廉貞雖居平，但仍是大桃花星，而且和天相星是同宮，很會料理桃花之事。紫府的遷移宮雖是七殺，這是一種打拚能力，周圍環境也會較強悍、冷淡，但會穩重、較慢一點。而且人的福德宮是貪狼居廟，這是天生本性是有大桃花的天生福命，是故紫府坐命的人，都是有迷人的魅力，且帶有財氣、會吸引人，桃花多而強。因此，很多紫府坐命者會早婚，雖夫妻宮為破軍，婚姻仍不美，那是因為他們常不注意自己先天環境中的刑剋，看不對人所致的。而且他們在感情上採取放任態度，百密一疏。

紫府坐命者，如果福德宮有擎羊、陀羅、化忌、劫空和貪狼同宮，桃花就會少很多了。如果財帛宮有擎羊，或夫、官二宮有擎羊相照，**形成『廉相羊』之『刑印』格局，桃花就會變色**，或是懦弱、無用的爛桃花了。這些問題都會形成不婚或破碎不美的婚姻。

廉府坐命的人，命宮中的廉貞也是桃花星，帶有桃花，而且這種桃花是和財綁在一起的。再加上三方財帛宮是紫微，桃花更強。官祿官之武曲、天相，天相也略帶桃花。其福德宮之貪狼又居旺，更是大桃花，故能享受桃花的利益。**其人的遷移宮**是七殺居廟，這也是一種打拚能力、周圍環境下是較強悍、冷淡，但較性子慢、穩重的人。**其人的夫妻宮**是破軍居得地剛合格之位，表示其人的感情波動大，喜歡找和自己價值觀不一樣的人來做配偶情人，也不會太在乎對方的過去和學經歷。廉府坐命的人雖對錢財有些勢利，把錢的看得重，選擇對象會以財力做基礎，其他的條件較寬鬆，甚至不太在乎對方的性格好壞，對方只要有錢財上照顧自己，就覺得對方對自己很好了。往往等到結婚共同生活以後，才發覺原來對方只是虛有其表的人。

廉府坐命的人，倘若同宮有羊、陀，或財、福二宮有羊陀、化忌出現，會桃花少。命宮有廉貞化忌出現時，易頭腦不清，或有麻煩、不好的桃花出現。財、遷二宮有劫、空一同出現時，也容易桃花落空。桃花變少。

武府坐命的人，本命中桃花少。福德宮之貪狼居平，本命桃花很少了。但**三方財帛宮，有廉貞居廟**，還是有一些桃花，但要用心找，用心看，用心計劃會有桃花。因其本命太愛財，會忽略桃花。**環境中是七殺居旺**，也沒有桃花。**官祿宮有紫相**，故是有桃花在讀書或工作之中。努力愛打拚的人，會因其財氣，而招攬桃花。無工作能力者，桃花也少。武府坐命的男子，在讀書時代便已對未來生活有規劃，對結婚對象已有尋覓了，故會按部就班的結婚。其**夫妻宮是破軍居旺**，表示在感情上不挑剔，也能有突破傳統規範的想法。武府坐命的人，很勢利，小氣，重視錢財。會找某些方面對自己有利的人來做情人或配偶，但會找到價值觀和自己不一樣對象。在結婚後或共同生活後才會弄清楚。其人在感情上也付出少，性格剛直，一板一眼，一點也不羅曼蒂克，談情說愛之事在他們看來很肉麻，對感情的經營也不好。是故婚姻易不美，也容易嫁娶離過婚的人。

武府坐命者，夫、官二宮有擎羊入宮，為『刑印』格局，會懦弱影響事業，有強悍之手段或懦弱怕妻、懼內、桃花也少，也會不婚。**有昌、曲在夫、官二宮相照者**，為心窮、配偶也窮，或不婚之人。

由以上分析看來，只有紫府和廉府坐命者的桃花較多，而天府單星坐命者和武府坐命的人桃花較少。天府單星坐命者不婚及單身的人較多，天府單星坐命的女性要注意，你要好好把握命格中的桃花時間，才容易結婚。已婚者更要好好經營婚姻，否則也易再變成為單身的失婚族，人生就會不完美了。

移民、投資方位學

法雲居士⊙著

這本『移民·投資方位學』是順應現代世界移民潮流而精心研究所推出的一本書，

每個人都有自己專屬的生命磁場的方位，才能生活、生存的愉快順利，也才會容易獲得財富。搞不清自己生命磁場方位而誤入忌方的人，甚至會遭受劫殺。至少也會賺不到錢而窮困。

法雲居士利用紫微命理的方式向你解釋為什麼有些人會在移民或向外投資上發展成功，為什麼某些人會失敗、困頓，怎麼樣才能找對自己的正確方向，使你在移民、對外投資上，才不會去走冤枉路、花冤枉錢。

好運隨你飆

每一個人都希望事業能掌握好運而功成名就
你知道如何能得到『貴人運』、『交友運』、
『暴發運』、『金錢運』、『事業運』、
『偏財運』、『桃花運』嗎？
一切的好運其實只在於一個『時間』的問題
能掌握命運中的『旺運時間』
就能掌握一切的好運，要風得風，要雨得雨
好運隨你飆——便一點也不是難事了！
『好運隨你飆』——
是法雲居士繼『如何掌握旺運過一生』一書後，
再次向你解盤運氣掌握的重點，
讓你更準確的掌握命運！

第五章 天府在『父、子、僕』、『兄、疾、田』對人是影響

天府在父母宮、子女宮、僕役宮、兄弟宮、疾厄宮時，都算是在閒宮中，這表示父母、子女、朋友、兄弟會比你有錢。你的財庫在他們身上，你會和他們感情好，也有通財之義，他們會對你有金錢援助，同時你也不吝嗇給他們錢花。你和這些人的感情是保守形態的，具有較傳統道德的感情模式的。**例如父母宮是天府時**，你從小就受到父母的慈愛照顧，父母是明理及品格高尚的人。你也會認為孝順父母、聽父母的話是天經地義的事情，對父母毫無怨言，唯

命是從。你也願意接受長輩的教導和訓示，不會有反抗的心態。你未來在人生中，就容易受到長輩、師長和上司的提攜，而成為人生之助力。

凡是天府在『父、子、僕』或『兄、疾、田』等宮之中，都是要看天府的形式為何?是單星或雙星的形式，又在那一個宮位?天府是居廟、居旺或只在得地之宮位?以及最要緊是要看有無煞星進入，一起形式『刑財』、『刑庫』之形式的問題。**倘若天府是完美，無刑剋的形式**，則六親無害有利，感情好，能集財，聚財，能成為你的助力，也會在健康資源上很強勢有力，生命會較長，精神內在資源會較富足。**倘若有刑剋現象**，則內在資源不豐厚，六親感情有瑕疵、不和，不易聚財，也沒有助力，也會影響健康狀況。

第一節　天府在『父、子、僕』等宮對人的影響

天府在父母宮

當天府單星在父母宮時

當天府單星在父母宮居廟、居旺時，表示父母的財力旺。有固定生財的事業，你幼年平順、富足，生活資源好。父母對你慈愛照顧，親子關係好，未來也會留下大筆資產給你。但此財富規格，要以你本命八字中年、月之干支帶財多寡來定。**天府居得地之位在父母宮時**，表示父母只是平常薪水族，但能衣食富足的人，仍會對你

好，也能留一些錢給你。

天府在父母宮時，表示財庫在父母，因此父母會為你存錢，為你在錢財上顧慮周到。未來你也會孝順父母，奉養父母，幼年時代你會過得很愉快。未來在外做事，長輩、上司、師長都會照顧你，提攜你。為你創造大利益。你也會尊師重道，沒有反叛之心，容易接受教養成為有用之人。**另一方面你的疾厄宮都有七殺星**，小時易感冒，不好養，身體較弱，父母要花費較多心力照顧你，但你長大以後就會強壯起來。**除非疾厄宮有天空、地劫入內或有羊、陀、火、鈴**，會多病痛，或有癌症跡象。父母對你的照顧也會盡心盡力不足了。

父母宮有天府加羊、陀、火、鈴、劫空、或文曲化忌、文昌化忌等刑財格局時，你與父母之間的關係就不算好了，父母會是財少之人，在照顧你時也不算太用心，你會身體差，也會和父母有代溝，有報怨。

武府在父母時，父母較有錢，或有積蓄，或父母是做軍警、公務員、商人等職業的人，父母性格較硬，一板一眼，幼年時代父母對你的好，就是給錢。未來有能力，你也會用錢來報答他的，在你的一生中父母是個象徵性的財庫。父母活著時，你也容易賺到大錢，父母不在時，你的財力也會較弱。

父母宮有武曲化忌、擎羊同宮時，父母較窮，幼年不好過，父母也會與你有金錢上的財務糾紛，彼此不合。你未來也會健康出問題，多傷災和有癌症傾向。

紫府在父母宮時，父母較體面、有權威，或有錢（必須看你本身八字年、月之干支才能定父母之財富規格）。父母會對你好，但愛管你，有工作能力者會回報父母，無工作能力者，會靠父母過日子。你一生的事都是父母幫你完成的。父母在時，你會金錢無憂，父母不在時，你也會拮据，是故孝順父母很重要。

父母宮有陀羅、火、鈴入宮，或有文昌、文曲同宮的人，父母富有的程度不高。你與父母之間關係也有時緊張、有時較好，但父母仍對你的意義較大，多少還是會幫忙你的。**有天空、地劫在父、疾二宮相照時**，易父母中少一人，或其中一人早逝，你也易患癌症，要小心。

廉府在父母宮時，表示父母是有小康之家的財，父母較愛交際應酬。你父母和你之間會維持友好、帶點交際應酬的關係。因為財在父母，家中會略有財產給你。表示你也會關照父母及家庭。

當有羊、陀、火、鈴、化忌、劫空同在父母宮時，你與父母的緣份較淡，父母之一會早亡，或來往少，你也容易有傷災，或癌症、病痛。

天府在子女宮

當天府單星在子女宮時

當天府單星在子女宮時，天府又居廟、居旺時，你會產較多子女。天府居得地之位時，子女很少，但也能有三位。你是命宮有巨門星的人。

當天府在子女宮時，都表示你對子女捨得花錢，會用花錢的方式來表達疼愛。你在性生活上能得到滿意，也喜歡『做人』，你的桃花也會是很有才華的桃花，生活重視情調。你會把子女當做你最喜歡投資的產業項目，未來也會得到極大的回報。財庫在子女身上。子女會奉養你，金錢能回流。

你的子女會長相乖巧、保守，人見人愛，會為你帶財來，更會成為你人生努力的目標。你的精力投注於家庭很多，會為家庭、子女忙碌不停。因此你也是個重視家庭生活的人。未來你在工作或事業上的努力和成就，也會得到好的傳承。子女也會青出於藍、更勝於藍。

子女宮若有『天府、擎羊』同宮時，表示子女少，只有一、二人。子女是表面乖巧、心存奸詐的人。你和子女會有刑剋，你會有家宅不寧和性生活不滿足或不協調的問題。子女不好養或子女身體有問題。你也容易有腎虧、腎臟不好、眼目不好的毛病。子女會為你帶財少，或刑你的財，使你花費多。你與子女緣份淺，你也會對家庭和子女感到頭痛，少付出。你在工作、讀書，以及事業上的才華表現都不強，或想表現但力不從心。你的家庭容易窮、不富裕，一生勞苦，家產少或無家產。子女將來會離開，你易孤獨。

子女宮是『天府、陀羅』時，表示子女不多，有一、二人，子女是表面乖巧，但性格悶，內心多想，多是非，腦子有點笨的人。你會為子女花費、耗財多。子女不見得會帶財來。你自己內心保守、小氣，和家人不和，本身財少，自然也會和一些財少運氣不好的人磁場相合。你與子女有代溝，你本身的才華少，也沒什麼可教導子女的。將來的家產和家教傳承也不好。

子女宮是『天府、火星』或『天府、鈴星』時，子女少，有一人，最多二人。子女是表面乖巧，但內心暴躁，易怒、不穩重的人，子女會脾氣古怪，或身體不好，但也會有怪怪的聰明，易和你有衝突。你是高興時就關注家庭，不高興時，就不理會家庭的人。你自己本身才華也是有古怪現象，做事有起伏不穩定的狀況。有時好，有時壞。你的家中也易有衝突事件。你不太重視性生活，常是心血來潮，點到為止。未來子女也是和你一樣，高興時來看看你，奉養你。但未必記得天天孝順你。子女的成就也會成敗不一。

子女宮是『天府、天空』或『天府、地劫』同宮時，有子女一人，或二人。是二人時，其中一名子女十分不親密。你所有的子女都看起來是乖的，但與你有距離。你本身會是天生就不想麻煩朋友或家人的人。對子女的付出也不求回報，年老時也不想靠子女。子女的成就也未必有你好。你自己的才華也有古怪現象。有時有才華會用不上，或不實際，不合潮流。你本身對性生活也不太熱衷，同時你對子女的期望也不大。

子女宮是『天府、天空、地劫』三星同宮在巳、亥宮時，無子女。若是女子時，要小心子宮有病變，小心有子宮或生殖系統有問題。男子有性無能現象，對性生活不感興趣，亦會無才華及人生目標不實際，成為無家無業之人。

子女宮是『天府、文昌化忌』時，要看天府的旺弱和文昌的旺弱來看問題，**在酉宮時**，天府居旺，文昌化忌居廟時，表示子女還好，外表乖巧，長相也還不錯，可能臉上會有雀斑或胎記、斯文，但頭腦略有不清或不實際現象。也可能是精明但會有自做聰明，性格保守，會為你帶財來，也同時會帶些小麻煩來。子女會來得晚，你較晚生他，或不生子女。你對子女的態度會賞罰不分明，會讓子女抱怨，你自己本身的才華古怪，也可能一事無成，或多轉行，換工作，起伏較大。你對性生活也無多大興趣。

天府在得地之位，文昌化忌又居平時，如在卯、亥宮，則子女長相平常，也有斯文點的外貌，但讀書狀況不算好，對學習不太有興趣，你與子女之間的關係多磨難、不算太和睦，也會較冷淡，你也會不生子女。你本身無太好的才華，也易因理財問題，使家中不富裕，子女易生病，會耗財。你易對生活無多大興趣。你所生的子女會身體弱。你對子女的教育問題也會與現實社會中脫節。

子女宮是『天府、文曲化忌』時，需要看天府及文曲的旺弱來斷定某些問題。凡有文曲化忌在子女宮者，其本人會有生殖系統較弱，腎虧現象及在才華上無法出名等現象。**在酉宮**，你不一定會生子女，可能不生，或晚生。小孩臉上也易有斑點或胎記。其性格在高興時太愛講話，不高興時，不愛講話，很靜，脾氣古怪，常對學東西不感興趣。你與子女間的關係有時好，有時壞。未來他們也不一定靠得住，可能反而要靠你。你自己本身的才華也不易顯露出來，所學的東西不易讓你成名。**在卯宮或亥宮時**，子女少或不生，子女也會較靜，脾氣古怪較悶，或內斂。親子關係中常有口舌是非，子女的才華也不好，更無法成名，你和子女都是過普通人生活的人。

子女宮是『天府、文昌化忌、文曲』在丑、未宮時，你在性關係上較混亂，桃花多，但未必喜歡要小孩，會有私生子流落在外。你對『性』有古怪想法，不是太超過，就是有不足現象。因此你未來所生的小孩也會對於性觀念有奇特的想法。你的才華在桃花方面，奇怪的桃花會為你帶來生活享受，但也會有起伏不穩定的現象。你有時也會找不對人來供給你生活享受。你一生會沒有大志向，只求溫飽而已。你在理財方面的觀念有問題，縱使有小孩，小孩也不愛讀書，也會靠桃花過日子。或因計算利益的能力有怪異現象，而人生起伏大。

子女宮有『天府、文昌、文曲化忌』在丑、未宮時，表示你有時對性很需求，有時又厭煩。但你基本上還是靠桃花關係在展現你的人生才華的。你不一定會生子女，也和子女易有言語上的磨擦。你易有奇怪的桃花，或桃花斷斷續續，你一生無大才華，也無出名機會。你會對某種專業特質很在行，但未必會成你的工作及人生努力目標。你的生殖系統較弱或會出問題，下半身寒涼，宜多補腎。

紫府在子女宮時，子女長相漂亮、氣派，未來功課好，成就也好，有好的事業和財富，子女會為你帶來滿足感。子女會較多有三個以上，你在性生活上得到滿足，性能力好。子女正直、品行好，教養好，你會將一生的心力放在子女身上。你會注重家庭生活，對自己的未來也抱有希望。子女將來也會對父母孝順。你會是薪水族的人，才華也在做公務員或薪水族之事，及存錢理財方面。**有祿存宮時**，只有一子，你的才華也較小、較少，但仍會對子女用心愛護偏袒。子女未來也是保守、內斂、穩重，成就是普通生活順利型態之人。**有陀羅同宮時**，子女稀少，有一、兩個，子女穩重略笨，未來事業上略有蹉跎，讀書也未必好。但未來能做個生活還過得去之普通人之生活。你的才華在表現上不算太高明，**有火星或鈴星同宮時**，有一子，或有女兒。子女是外表美麗、乖巧，但性子急躁的人，做事、讀書有進退、起伏，未必會順利。你也不一定會把精神放在他們身上。你自己本身也會有古怪才華。做事也不見得多成功。**有一個天空或地劫同宮時**，在你的田宅宮有七殺和另一個地劫或天空相照，你不一定會生子女，但一定要生子女，或領養子女在家中，你才會存得住錢，也才會有家產。否則會財庫空。你的家庭的觀念較淡薄，也可能常不在家。在性生活上也時有時無。在才華上也會有對人生不實際的才華，亦可能自己不覺得有任何才華。故也易無人生目標，想賺錢也會賺不到，或事業工作不長久。**有文昌化忌或文曲化忌同宮時**，子女的成就會差一些，容易功課和事業多磨難、起伏、不順利。也不易出名。**在寅宮**，子女外表長相粗俗、頭腦不清、人緣也易不好。**在申宮**，只是讀書和事業會起伏上下，有不順利現象。你和子女之間也會多磨擦，不知如何教養小孩。

武府在子女宮時，子女性格剛直，做事一板一眼，你會在子女身上投資很大，未來子女會在財經界發展。你本身的才華也會為你帶來大利益。你和你的子女都會人生目標明確、喜歡做對人生有利益和賺錢之事，不會偷懶或頭腦不清。子女未來也會以財富或名聲回報父母。你是個薪水族的人，但會用才華來賺到及累積到你的財富。**有祿存同宮時**，只有一子，子女是保守、內向、聽話的人，但只聽你的話，別人的話不聽。你本身的才華少，可能只有一樣，但會使你有衣食無缺。子女未來也是過保守生活的人，事業發展不大。你對別人或子女都會小氣吝嗇。子女未來會看情形才奉養你。**有擎羊同宮時**，子女宮還有武曲化忌、天府，表示生子不易，會無子，或有一子。子女身體不好，將來也易無後。你本身的才華古怪，易對你的人生無益。子女未來也易夭折，親子關係淡薄有刑剋。你也不喜歡小孩，在性生活上也無太大興趣，或喜墮胎，而無法生育。

有火、鈴同宮時，表示子女是脾氣急，性情有些古怪的人，子女也是你突然懷孕的，因此你對子女的態度好像沒準備好，有時也會衝動、不耐煩。你有時對子女好，有時又不耐煩。大致上你仍會對子女用心和注意，只是親子關係仍時有衝突，但都是小衝突而已，問題不大，未來子女的事業以財經或軍警政治為主，會有些起伏，但你自己本身的才華也會因衝動或不耐煩有小的差池。

有天空或地劫和武府同宮在子女宮時，會子女略少，一、二個，你本身身體上會有些病痛，生殖系統較弱，或不喜愛生子女，未來你也要小心有癌症現象。你有時對子女照顧不周到，你也會對自己本身的才華不注意、不關心。未來你自己也會在事業上多起伏，子女和你的關係表面上很好，但常有些虛空、不親密的感覺。

廉府在子女宮時，子女是人緣好、交際應酬多的人，聰明度不算高，但很可愛，讀書中等，未來成就會是普通人中還不錯的，生活也會充足、平順。你和子女之間的關係也是像朋友交情一樣，有些應酬的方式。表面維持祥和和親密，但照顧並未盡心盡力，你會對自己喜愛的子女特別縱容，也花錢多，對與自己不算太親密的子女的資源就較少。你一生的才華在交際應酬上，喜歡用嘴不用手，口惠實不惠。未來你也會攏絡子女對你孝順。你自己會身體不好。

若有擎羊同在子女宮時，和子女不合，有子一人，彼此有代溝，子女只會花錢，也未必和父母親近。**有陀羅在子女宮時**，子女較笨，但人緣還可以。子女會是性格悶，少講話的人。你和兄弟的關係也差，你只是個普通人也沒什麼才華。

有火星、鈴星同宮在子女宮時，子女脾氣急躁、古怪，有時人緣好，有時差。你本人的才華也會古怪或無用。**有天空或地劫同在**

子女宮時，子女少，有一人或二人，但與子女感情淡薄，會與子女維持表面還算好的關係，未來也不會太要求子女來奉養你或孝順你。子女未來也會有事業起伏的現象。

若廉貞化忌、廉府在子女宮時，子女會身體血液有問題，或智能有問題、頭腦糊塗等現象，你會生下不健康之子女。他在人緣關係上也不良，你本身也會和兄弟或朋友不和，較孤獨。自然你本身無大才華，亦會不生子女，或與子女緣淺，不合。未來也易與子女打官司，有衝突。你根本沒有教養子女的能力。

天府在僕役宮

天府單星在僕役宮時，表示朋友是溫和、穩重、富裕，善於賺錢、存錢，在財務管理上很精明，雖有些小氣，對你還算大方的人。你的財庫在朋友身上。亦表示你的人生資源就在結交有用的朋友。但你的朋友中有一些會是自私、小氣的人，雖朋友對你好，但必須你是和他有同等級財富的人，他才會和你交往，對你有情義。經濟狀況不同等級的人，仍然無法成為親密朋友。天府居廟，居旺時，你的朋友財富等級上會較高，也會對你好，能有金錢往來。**但若有羊、陀、火、鈴、劫空同宮時**，朋友仍對你無助益。天府居得地之位在僕役宮的人，是表示朋友只是一般水平、普通富裕、衣食無憂的人而已。對你的幫助也未必很好。**另一方面，天府在僕役宮時，表示朋友都是重物質享受的人**，若是吃喝玩樂、買東西，朋友容易聚集，但是要共同投資事業，未必有人有興趣。所以你想從朋友身上賺到錢也有很大的困難，如果相約一起存錢，這還算可能的。但要從朋友身上挖錢、借錢，則未必可能，因為朋友都是善於理財，精於計算的人。

『天府、擎羊』或『天府、陀羅』在僕役宮，都是『刑財』格局，表示朋友都是不算太富裕，有時又會刑你的財的人，他們會陰險狡詐，或用笨方法來刑剋你的財。**『天府、火星』或『天府、鈴星』也是刑剋格局**。朋友會是有古怪聰明的人，你會一時衝動，讓朋友刑了你的財。你與朋友之間多是非。

『天府、天空』或『天府、地劫』同在僕役宮時，你的交友態度十分清高，不太會找朋友談金錢方面的事務，朋友也不會對你有大幫助。你會和朋友君子之交淡如水，和朋友的交情只限於友情式感情方面，不涉及其他。

有『天府、天空、地劫』三星同宮時，無朋友，你喜歡孤獨生活，不想和別人哈拉。也不會覺得朋友有多有用。你更害怕人情的牽扯，朋友似有若無。你少與人來往，獨善其身的過日子。

武府在僕役宮時，你的朋友都是有錢人，但是非常吝嗇，或是有銅臭味的有錢人。和你的性格不太合，思想和價值觀也不一樣，人生目標更不一樣。你有時很羨慕他們，有時又和他們格格不入。你的財富沒他們多，你甚至常巴結他們，也易靠朋友幫你找工作或支援經濟。但當你靠他們久時，就會受到嚴厲的批評和建議，你的朋友皆是一毛不拔的鐵公雞。倘若一同去做享受的事，則能志同道合，但如果想向他們借錢調頭寸則未必能借到錢。你的朋友都是善於理財，十分會計較清楚的人，因此你未必在朋友身上賺得到錢。**有擎羊一起同宮時**，是『武曲化忌、天府、擎羊』同宮的形式，朋友常鬧窮，有財務糾紛，你也常捲入其中。小心因財務糾紛而喪命。

有祿存同宮時，你的朋友只是生活平順，有衣食溫飽的普通人，他們的性格特別保守，小氣、吝嗇，而且你的朋友不多，你和朋友表面合諧，少有金錢、利益等瓜葛。你本身對朋友也是十分謹慎吝嗇的，故不會有太多的見面交往時間。

有火星、鈴星同宮時，朋友為有一點錢但脾氣不好的人，也會常不親密來往。會偶而來往熱鬧一下，又很久不見面。**有天空、地劫同宮時**，朋友無助力，朋友是表面富足的人，但和你無金錢的往來。你本身對朋友也沒太大的企求，會各過各的日子，井水不犯河水。

紫府在僕役宮時，你的朋友大多是外表正派，生活平順富足過得好，有一點小氣，但品行好，做人做事講道理的人。朋友也大多是公務員或做公職、教職的人，他們會對你在錢財上小氣，利益分明。但在其他事務方面會幫你，你也會有高貴地位的朋友，未來你也容易得到提拔。**有陀羅同宮時**，在你的朋友中朋友的財富都不算太多。只是普通人中之中等富裕的人。你的朋友多半是笨笨的，有一點錢，性格悶悶的人，對你的好壞不一，會有時好，有時壞。朋友中正派講義氣的人會少一點。**有祿存同宮時**，你的知心朋友少，只有一、二位，你交朋友的態度保守，只要是有錢，財不多，性格又必須和你一樣保守、小氣的人。因此你的交友圈很小。對不合你胃口的人很小心防範，你自視頗高，自命高貴、富足，因此也不喜和窮鬼或沒氣質的人來往。

有火星、鈴星同宮時，朋友是性格急躁火爆的人，也容易刑財。和你有衝突，但大致上他們外表還體面。**在寅宮**，朋友中有突然暴富的人，但又暴落，這些人和你的感情都不算太好。**在申宮**，朋友性格急、脾氣大，外表溫和講理，其實很暴躁，對你不客氣，而且常易不見影子，周圍是有時一陣子有朋友、有時一陣子又冷清的狀況。**有地劫或天空同宮時**，其對宮兄弟宮一定有另一個天空或地劫和七殺同宮相照，表示你無兄弟，或兄弟少，故朋友也少，或不力。因此你適合結拜一些乾兄弟、或乾姐妹來助長聲勢，朋友運就會好一點了。**有『紫府、天空』或『紫府、地劫』在僕役宮時**，表示朋友皆是地位比你高，生活比你富足的人，但對你無益，你不想找他們幫助，他們也不會主動幫你，你和朋友之間無利益瓜葛，感情也不深。

廉府在僕役宮時，你的朋友多，他們大多是聰明度不高，會過普通生活較富足的人。你天生喜歡交際，朋友運很好。你的朋友是愛交朋友的人，因此容易組成小團體，彼此相互支援有利。但你們這些朋友會有自私、霸家心態，只跟自己團體中的人做利益交換，對外人或新認識的人卻虛情假意。不過你會在你交朋友的過程中或團體中尋找到快樂。**有擎羊同宮時**，你交際應酬的能力不算頂好了。朋友會讓你頭痛，他們都是財不多又假情假意的人，而且會刑剋你的財。你會被朋友騙財，或投資朋友失利。這樣的狀況也會使你對朋友失望而不想再多交朋友。同時你也不會真心去對待朋友。**有陀羅同宮時**，你的朋友多半是較笨，性格又悶悶的，能有生活之資，但財富不多的人，甚至某些人還有些窮困。同時你自己本身的生活水準也不會太好，運氣也不十分好。你的生活水準和你的朋友大致差不多，因此會在一起混日子。**有火星或鈴星同宮時**，你的朋友都是性格急躁的人，有時高興就一起交際一翻，有一陣、沒一陣的，因此你是周圍熱鬧時很會交際應酬，花費多，周圍無人時，就清靜下來，也較省錢了。你的朋友中之人也多怪怪聰明者，也容易和奇怪的人交際應酬。**有天空或地劫同宮時**，你會和一些生活還過得去，但思想偶爾是清高的人來往。你也會和一些有特殊清高嗜好的人來往，例如做義工，或畫畫的人，或是一些沒有金錢厲害關係的人來往，你和朋友感情表面上看起來很好，但會很清高，不會混入私事來相互麻煩別人。

有廉貞化忌、天府在僕役宮時，表示朋友運差，會有錢財之事惹官非、爭鬥，朋友們也是頭腦不清的人，而你對待朋友的方式，就是糾纏不清，相互拖累的模式，因此也易遭災。

第二節　天府在『兄、疾、田』等宮對人的影響

天府單星在『兄、疾、田』等宮時和天府雙星（如紫府、廉府、武府）在『兄、疾、田』等宮是意義不太一樣的。天府也要看組合的形式，有無刑財或刑庫現象，以及其本身的旺弱，才能定該宮位的吉凶，和對自己之助益。

當天府單星出現在『兄、疾、田』等宮時，因三合宮位中必有一空宮，因此在人生資源先天性的具備，與後天性的儲存方面都會有漏洞而較弱。這也會影響到你在物競天擇的競爭上有趨弱的現象。在行運時，也會有迷茫、迷惘，不切實際的狀況，**而天府雙星**

（包括紫府、廉府、武府）**形式在『兄、疾、田』時**，就不會有這些問題存在。其人生資源較豐厚，競爭力也強，在行運時也都是強勢運程，對人生的助力較大。

天府單星在兄弟宮時，疾厄宮會是空宮，田宅宮是天相。表示家中兄弟感情好，家人相處氣和，父母強勢，會主導家運，你們兄弟姐妹都很怕父母，這時要看與父母是否有刑剋，父母是否夠富有，父母是否慈愛、身體好不好，天生遺傳的家族病史為何？就能知道你自身生命的長短，人生資源是否富足、是否快樂、是否平順的人生了。

天府單星若在疾厄宮時，你的田宅宮是空宮，兄弟宮是天相。表示你身體還不錯，但家裡未必會有錢，有時還會窮，錢財必須靠自己去賺、去存，才會有財富。這同時要看兄弟及平輩關係中有無助力，要看兄弟會不會給你幫忙，你才能少辛苦一點。當兄弟宮是天相陷落時，或是有『刑印』格局時，你只能靠自己，你自己也容易窮困爬不起來。

天府單星在田宅宮時，你的兄弟宮是空宮，而疾厄宮是天相。這表示你和兄弟是無緣的、緣份少，或無兄弟，或兄弟感情不深。或少來往，因此平輩關係的助力減少很多，同時，你也必須要替家庭存錢，為家裡創造財富，須努力打拚，才會有錢、有房地產。你在身體健康方面要保養好，你才會有錢。健康較弱的人，能創造及儲蓄的家財也少了，沒有打拚能力的人，也未必會有房地產。

由以上可知，天府單星無論在『兄、疾、田』等宮中之那一宮出現，在其人命格中都會有一環弱點，再由此種弱點而影響到其人整個的命運變化。天府雙星形成在『兄、疾、田』等宮時，其三合宮位無空宮，故人生資源較多。一生所積蓄的財富也較多，人生也會較順遂。

府相同梁
《上冊》

天府在兄弟宮

天府單星在兄弟宮時，表示兄弟財祿多，居廟時，可有五人。陷地時，一、二人。居廟、居旺時，兄弟感情深厚，相處融洽。兄弟姐妹的親密關係就是你的財庫，你會和同輩人相處合諧愉快，兄弟姐妹中有善於理財，經濟能力比你好的人，兄弟姐妹也能一起合作事業。家中的狀況是父母高高在上愛發號司令，子女兄友弟恭，一個接一個乖乖的聽話，守分寸。因此你的家庭中是合諧，又有家業興旺的趨勢的。**當天府單星在巳、亥宮為兄弟宮時**，你和兄弟姐妹的感情還過得去，算還不錯，但田宅宮為天相陷落，故家中多災難或多是非糾紛，家宅不寧或窮困。你和兄弟如你的感情是患難中建造的，也是不得不合睦，有相依為命的感覺。

若有刑財或刑庫現象時，兄弟的關係和平輩相處的關係就會不好，或差很多。**有『天府、擎羊』在兄弟宮時**，兄弟不和，易為財務相互攻擊有糾紛。兄弟就是來刑你的財的人。兄弟會為富不仁，或是財務有暴起暴落現象，總有窮困的一段時間。

『天府、陀羅』在兄弟宮時，兄弟有性格悶的人，錢財上常有漏洞，或賺錢不利，拖拖拉拉，不進財，工作不順利，兄弟較笨，但你與他的感情時好時壞，還沒那麼糟。

『天府、火星』或『天府、鈴星』在兄弟宮時，兄弟是有怪怪聰明、性情急躁、脾氣不好的人，工作也會起伏，但錢財還過得去。你與兄弟姐妹的感情時好時壞，容易吵吵鬧鬧，一會兒又雨過天青了。兄弟也易是不實在的人。

『天府、天空』或『天府、地劫』在兄弟宮時，是財空或劫財形式。表示兄弟不多有一、二人，兄弟感情表面上還不錯、還合諧，但容易見面少，或不太會相互關心。兄弟也是頭腦有怪怪的聰明，有頭腦不實際現象的人。因此彼此無助力，無法一起打拚家業。

紫府在兄弟宮時，兄弟的財力、地位皆比你高，家中有長兄、長姐持家或帶領，你會常圍繞在年長的兄姐身旁受其照顧。一生你都有非常好的兄弟姐妹給你支持、幫助，使你有親情的慰藉。**有陀羅、火、鈴、地劫、天空同宮時**，兄弟姐妹的親密度會減少，助力也會不足或沒那麼好，有時他們會反過來求你的幫助。

武府在兄弟宮時，兄弟二、三人，兄弟是性格剛直，重視錢財、小氣的人。當兄弟小時，有時是你給他們錢財花用。兄弟之間也會斤斤計較，感情只是普通，但會偶有通財之義。**有擎羊、祿存、火星、鈴星、地劫、天空、化忌時**，兄弟少，兄弟彼此會吝嗇，或錢財不順，性格會有衝突，來往也較少，無大助力。

廉府在兄弟宮時，兄弟姐妹多，他們是聰明度沒你高，生活水準也只是普通的富足的人，但你的感情還不錯，會時常在一起攪合，來往密切。兄弟姐妹都是人緣好，喜歡交際，有交際手腕的人。**有羊、陀、火、鈴、劫、空、化忌同宮時**，兄弟少，兄弟間多爭執衝突，個性不合，對自家人小氣，或頭腦不清，和自家人相敵對之人。兄弟的人緣也很差。

天府在疾厄宮

當天府出現在疾厄宮時，無刑剋時，都表示健康狀況還不錯，但父母宮有七殺，會與父母不合，父母較凶，更會由於父母潛在遺傳中的病症。會留給你的，但不算嚴重，若疾厄宮無刑星出現時，只表示父母留給你的潛在遺傳病症，只是一些皮膚不好，胃不好，胃酸過多，胃熱疼痛，或溫熱浮腫，脾臟較弱，腎虛、大腸易脹氣、便秘、氣管不好、肺不好等狀況，病情輕微，無大礙。**倘若有刑財、刑庫形式在疾厄宮時**，就表示先天的資源就不好了。後天的照顧再不好，就會有病症顯出來，就會影響生命長短了。也會影響到你本身金錢用度的財富問題了。天府也會因本身的居廟、居旺、居得地之位等旺度來展現身體健康的層次與程度。

『天府、擎羊』在疾厄宮，表示有傷災、開刀、血光現象。對宮有廉殺時，會形成『廉殺羊』格局，有車禍車死亡之危險。你的身體弱，常有病痛、或感冒等症狀，也會頭臉有破相，手足有傷，腎臟及心臟不好，免疫系不好等問題。對宮有『武殺羊』時，要小心意外身亡或被殺，車禍、惡死有問題。

『天府、陀羅』在疾厄宮，頭臉有破相，有縮腰、駝背等問題，皮膚病、牙齒不好，或受傷、斷裂。也會手足受傷，脾胃不好，疼痛，濕熱浮腫等問題。

『天府、火星』或『天府、鈴星』在疾厄宮，有傷災、或脾胃有濕熱現象。脾、胃、腎有怪異病症，或突發病症。

『天府、地劫』或『天府、天空』在疾厄宮時，有脾胃的毛病，易有癌症，腎臟病，癌症問題多半在脾胃、腎臟方面。你的父母也易不長壽。

紫府在疾厄宮時，一生少災，少病痛，也要小心偶而有脾胃方面的問題。但很快的醫治好。縱使有病自己也會很快去醫治好。**有陀羅同宮時**，要小心傷災和濕熱問題，皮膚病，脾胃不適等問題，不嚴重。**有祿存同宮時**，多傷風感冒，身體方面很健康，但多小毛病，要小心脾胃、腎臟較弱。**有火、鈴同宮時**，**在寅宮**，要小心火氣大，脾胃較熱、疼痛，也會腎虛。**在申宮**，會胃寒、脾寒而疼痛，胃酸過多，也無大礙。**有天空或地劫同宮時**，小心癌症，但醫治機率大。

武府在疾厄宮時，有手足頭面之傷，小心膽病，小心車禍問題，易感冒、肺、氣管、腎、脾胃較弱。**有羊、火、鈴、祿存、劫空化忌時**，都會有身體較弱、傷災、呼吸道之疾病，胃病、皮膚病等問題。

廉府在疾厄宮時，健康外表良好，但有長瘡或腰足之災，以及血液的問題，或脾胃較熱的問題。**有羊、陀同宮時**，要小心車禍問題，有性命之憂，身體不佳，多病、血液有問題，易短命。**有火、鈴同宮時**，要小心脾胃上火，有突發病症，或有腎病、開刀的問題。**有地劫、天空同宮時**，小心脾胃及血液之癌症。

天府在田宅宮

當天府單星在田宅宮時，天府是財庫星，正坐財庫，故家中易存錢，可有積蓄，也喜歡買房地產來做積蓄，家中之人都是會理財、小氣，會斤斤計較，但為能累積財富的人。這也同時表示你本身是個不算富裕的人，但家中有衣食、生活問題不大。還必須靠你兢兢業業的努力才能積蓄多。這更要看你的環境是否能讓你存到錢，因為你的兄弟宮是空宮，兄弟少或不親密，也不會一起幫家中賺錢。是故你只會賺自己本身的錢財薪水，守你自已的財而已。

當天府在田宅宮時，表示你家中的人喜歡享受，你家中的房子會有裝潢，你也喜歡享受和裝潢房子，會在房子上花很多錢。你也喜歡佈置房子，但房子裝潢的精緻程度，和美麗程度，以及房子的總體價值，要看天府星的旺弱程度來定了。若天府只在得地之位，只是馬馬虎虎，稍有裝潢的普通房子而已，家中生活及享受環境也不算很富裕，只是小康之家而已。

當天府在田宅宮的人是女性時，表示你的子宮健康強壯、能生育很多子女。但你的子女宮卻是紫殺、廉殺、武殺，表示你能生，不好養，你本身不喜歡小孩，只喜歡性事。當有刑剋現象時，子宮也不好了會有問題，生子女也較固執或少了。

紫府在田宅宮時，你會有家產很多，且是精緻高價值的房地產，是父母、祖先傳下來的。你會生活富足，家境富裕。家中的人，有長輩在撐著，讓你繼承很多家產。家人也會相互尊重、合諧。家人都是體面、重情義的人。**有祿存同宮時**，家宅小康，能過平順的生活，不是大富，但有衣食，家產是小而美的房地產。家人性格保守、內向、節儉、小氣，會斤斤計較。**有陀羅時**，家產少或是較舊的房地產，但仍有一定的價值。家人較笨，理財能力不算太好，也易賣掉再置。**有火星、鈴星同宮時**，家產會暴增、暴落、消耗大，增加的少。也會突然失去再添置。你家中多爭執、爭鬥，家人脾氣不好，也易失去房地產，存不住。**有地劫、天空同宮時**，對宮也會有另一個天空或地劫同宮，家中人丁少，易無子，錢財房屋也容易存不住，家人常不在家，家中空虛，也易無錢。若能生育子女，家財才留得住。女子有此現象時，要小心子宮有癌症或做切除手術，不能生育。

武府在田宅宮時，家中會住價格高、昂貴的房子。要住大而貴的房子，你才會進帳賺錢多。若住小房子，價值的房子，一生也不算太富裕。你家中的人，都是對錢財精明、小氣、善於計算之人。同時也是勢利眼之人。不過他們都要靠你來賺取錢財、儲存錢財，才會有好日子過。**若有擎羊、化忌，火、鈴、天空、地劫同宮時**，家中不富裕，有金錢問題、負債問題，家中爭鬥凶，錢財也留不住。**有祿存同宮時**，你的家中只是小康之家，房子是獨棟，不與人相接相連的房子，房子也是樸實、保守、中等價位的普通房子，外觀不算豪華。你的家人是能過富足生活，性格保守、剛直，有些自私傾向的人，會自掃門前雪，少與人來往之人。

廉府在田宅時，家中會住舊的、但仍有某些價值之房子。家中的生活水準也只有小康境界。家人會維持表面合諧來往，這些合諧是有應酬意味的合諧，家人的能力不算很好，但能自己賺自己的生活費。**有羊、陀同宮時**，家人多爭鬥，房地產易留不住，你也得不到祖上留下之家產。**有火、鈴同宮時**，家產會少，也留不住，房子易因失火或意外災害而損毀。**有天空、地劫同宮時**，小而少的家產雖有，但你不一定想要。你會常換居住的地方，租屋而居，你也與人少來往，少與人親近。你家中的人，彼此也不親密，少聯絡。

第六章　天相的特質與格局

第一節　天相的特質

天相星，五行屬水，是壬水，屬陽，化氣為印，專司衣食之祿，是南斗第五顆星，在數司爵位，為善福，也為官祿主。是必須有官祿，有工作之後得財，再享衣食之祿。

天相在人命盤中之旺弱，及有無刑剋，關係到人享福、享受衣食的多寡，也關係到人好的打拚能力，與人性格的正派、正義，更關係到人性格上的懦弱與強勢。未來會不會享受到財福與權力等主宰命運架構的成敗之關鑑。

天相的旺弱層次有三種，一種是居廟，一種是居得地剛合格之位（六十分）。一種是陷落無福的狀態。天相居廟時，福厚，印重，權力高，有化解一切災厄的力量。居得地之位時，福氣只是一般普通的形式，不算太好，也不壞，但仍有趨吉享福的能力，只是打拚力量、主掌權力的力量稍嫌薄弱了。天相陷落時，福太少，也常有災，復原的能力很差，掌權的能力也差，打拚力量更不足，因此問題很大。

天相在人命宮時，都是溫和、忠厚老實型的，不愛與人有衝突，遇衝突時會躲避，等到安靜時，再來遊走調解紛爭。天相入命的人不會壓制人，也害怕受侵害，通常是雞婆愛管事又怕事的人。

喜歡服務別人又常嚕嗦、怕麻煩的人。**天相陷落入命時**，不喜負責任，又怕事懦弱，容易惹是非，吃力不討好，也會不受人尊重。

天相是勤勞的福星，必須要動、多做，一面奔波，一面享福，享的福是衣食之樂，如此才會有美好的人生。若太懶，也無法有財福和好的衣食玩樂享受了。

天相的對宮都有一顆破軍星，天相單星形式時，對宮是紫破、武破和廉破。天相雙星形成時，如紫相的對宮是破軍居旺，武相的對宮是破軍居得地之位，廉相的對宮是破軍居廟位。天相深深受到破軍的影響，這些影響是好動不穩定，起伏上下，奔波、破耗、破敗、破爛、失去、改革、移除、變動、爭鬥等等的問題，天相就是一種復元及歸還原位的力量，也會修補、修復，使其大致有原來的雛形，但會不會復元到原來一模一樣呢？絕對不會！因為經過變動之後，要複製成原來的模樣已不可能了。

因此，天相的福力，就是使經過災難，或經過爭戰，或經過起伏、破敗之後，總是從慘烈的狀況，或從廢墟中再回到較高一點的層次基礎上去。這樣再往爬升的機會就會高了。並且經過改革或破敗、變動之後再活過來的景況，絕不是和當初一模一樣的境界，常是另一種境界或狀況了。也許比原先的狀況更好，也許還差一大截，這要看天相的旺度，來決定後來恢復狀況的好壞。天相居廟時，就恢復得好。居得地時，就差一點，也可能恢復到另一種模樣了。天相陷落時，就根本沒恢復，依舊是破爛不堪，拖一天算一天的狀況了。

天相也是印星，是官祿主。主掌人事上的權力，因此很多天相居廟入命的人，會主管人事遷升的問題，做主管級的位置。如果有

『刑印』格局的人，則一生受人欺凌，也無法服人，沒有領導能力，是懦弱、成就也不好的人了。升官、升級都難有機會，無法往上爬了。凡是命格中有『刑印』格局，無論在那一宮形成都是一樣的，不端是在命格才有的現象。因此『刑印』其實也『刑官』了。

天相雖是官祿主，但有奇怪的現象，當天相單星形式時，其官祿宮是空宮，財帛宮是天府。官祿宮是空宮，表示事業運不強，是借由其對宮夫妻宮的星曜來偵測事業運的。所以天相單星坐命的人，實際上事業運是不強的，他們會安於家庭，藉由配偶的力量來討生活。但配偶運也有好有壞，故未婚或離婚等婚姻不美的人，實際上也工作運不佳或沒有事業運。因此，天相單星是坐命的人，常容易只是普通人命格，有時想打拚也易力不從心，成就未必會高。

天相單星坐命者，其夫妻宮是廉貪、武貪、紫貪，夫妻宮都有一顆貪狼星出現，表示其人對感情對配偶都不甚瞭解。溝通也不好，也表示其人對別人或一般的事物也都不算挺關心，或做事有粗心，粗略的現象。他們只想過安逸平順、無波瀾的生活，因此奮發力其實是不夠的。但他們就是生存、生長在一個波瀾起伏的環境之中，無可奈何。

天相雙星形式坐命的人的官祿宮都有星曜，紫相坐命者之官祿宮是廉貞。武相坐命者之官祿宮是紫微。廉相坐命者官祿宮是武曲居廟。因此，天相雙星形式坐命者的工作及事業形態，基本上就是『紫、廉、武』的格局及鐵鍊關係，這自然會比天相單星形式入命的人好很多，人生格局的層次高。人生命運組合不一樣，所經歷的事物、事件也會大不相同了。他們會有自己強悍的奮發力，能獨力做事，主觀很強，成功機會也高出很多出來。

紫相、武相、廉相坐命者的夫妻宮都只有貪狼一顆星，但旺度不一樣，故所貪東西的貪念層次也會不同。**廉相坐命者**夫妻宮的貪狼居廟，最貪，因此貪在事業上、貪權力或貪財富（官祿宮是武曲）。**武相坐命者**，夫妻宮是貪狼居旺，是次貪，也很貪，會在事業上貪名位及權力，也會有財（官祿宮是紫微）。**紫相坐命者**夫妻宮是貪狼居平，只貪一點一點，會在事業上貪權力及享受營謀爭鬥的樂趣。紫相坐命者，因本命有紫微、天相兩顆趨吉避凶及享福的星曜在，故愛享福的心態較重，而紫微、天相大都在得地剛合格之位，享福的能力也只是剛及格的邊緣，故愛享福但勞碌，真正能享到的福氣也是略打折扣的。

我們由以上的分析，也可瞭解到天相單星形式坐命的人，在本命結構上是屬於『府、相、空宮』這個三分組合結構的，而紫相、武相、廉相坐命的人，在本命結構上是屬於『紫、廉、武』及『殺、破、狼』相互連結支援的形式結構的。因此一比較，就立刻知道結構上的優劣程度了。**因此我們也可得到一個結論**：天相這個官祿主，是必須得到其他星曜的扶助與輔助，才會真正有事業，形成較高層次的官祿。天相靠自己的打拚，會力不從心，官祿事業是虛空、不實際，也容易起伏多變。但天相本身會忍耐的特性，也能使他們在很低的職位上呆上很多年。

天相坐命者，包括紫相、武相、廉相坐命者，其對宮（遷移宮）都有一顆破軍星，表示其人必生於家道中落、或家中多是非、或父母離婚、或家中遭災難、或父母較窮、運不好的家庭之中，而這個人就是上天派來解救或來平復這狀況的人。例如陳水扁總統是廉相坐命的人，幼年家窮，由他為家庭打拚帶來富貴。

天相的意義就是：本身為善福，是上天派來到處散播善福的人，為自己也為周遭的人帶來福氣與解救之道，平順周遭環境中之災患，有復原作用，也能主持公義、公正、調解紛爭，調合人世間雜亂現象，使之上軌道的管理經營之人。

天相剋應事物：

天相在人的方面，代表為會理財之人、金融界人員、會計人員、經濟及企管人員、服務界之人員、清掃打理人員、整理及修復人員，如水電工、裝潢、設計房屋之人員，婚紗禮服店之人員、服飾店人員、小吃店、飲食店、餐廳、旅館之服館人員、調解人員、法院工作之法官、書記、監獄看守人員，及輔導人員、心理資詢人員、慈善事業中之輔導員、教官、訓導、規勸向善之教化人員、老師、災害救難及復建人員、醫院中復建專科之人員，醫生、護士。機關、公司之管理階級之人員、店長、雜貨店老闆、收集舊物，舊貨整理後使其煥然一新或變成另一種有用之物的人，使還原成原物的修理人員，銀行催討債務之人員、美容業之人員、百貨公司人員、服務台人員、總機人員、掌管財物、印鑑之人員。

天相在事的方面：代表享受之事，代表吃穿上之享受，或稍為輕鬆，動一下，做一點事，就能享受久一點的事。代表求知識、學問之事，也代表愛表現、愛做秀之事。代表調停解決紛爭之事、理財之事、教育之事、輔導歸勸之事。使舊的、破的東西變有用或看起來還算美麗之事。公司、事業體重整之事。災難救助、復元之事。管一下會變好之事。整理或鋪貨之事。經營管理之事。醫療之行為，化粧、美容及美容手術之事，買賣舊貨業、修理業、官非之事，餐廳、旅館、飯店等事業。

天相在物品方面：代表文件、印鑑、支票、合約，能決定權力歸屬的東西，以及能決定權力地位的東西。如座位、名牌、議事槌。醫療用品、藥品、針劑、醫療器材、餐具、衣飾用品、裝飾品、針線物品、縫衣機、布料、農藥、水中植物、養魚的器材用品、魚缸、噴水池、噴泉裝飾品、家中小擺飾、流動的小溪、小船、水上可浮起來之物、衝浪器材、遊艇等，法院的公文、信件、文件、處罰工具、修理工具、銀行公文、清掃工具、商品店陳列架、服務台、戒護犯人的工具、化粧品、美髮器材、美容手術之工具用品、學習所用之工具、舞台、表演台、講台等等。

在地方或建築物方面：代表法院、協議庭、公證處、醫院、餐廳、大飯店、自助餐店、服飾店、百貨公司、百貨店、家用飾品店、做ＳＰＡ水療享受之店、游泳池、噴水池旁、小溪旁、溫泉旅館、藥店、農藥店、水上遊樂場、補習班、表演歌舞的場所，重修的古蹟、古董店、醫院、診療所、修改衣服的店、銀行、收支處、水電行、裝潢公司、婚紗店、結婚用品店。賣浴室、床具用品的店、化粧品店、美髮器材店、美容院、減肥診療所醫院、按摩院、健身房等地。也代表平坦低窪之地、或旁邊有水池、水塘、潮濕之地，亦代表重整後變漂亮之地，或重整變漂亮及有用之建築物。舊翻新之住宅用屋，溪邊或湖畔的平房或豪宅、別墅、近海灘的房子。

建築物外觀：為穩重、平穩、舒適、樣子不起眼，但內部有豪華設備，住起來很舒服享受之房舍。外表是寬廣、橫闊，但高度不高之樓層。外表是黑灰色之房舍、樓宇，或經過改造、舊翻新之房屋，或外表有大波浪裝飾形狀之房舍。

在疾病及身體上：代表下半身的毛病，亦代表膀胱、泌尿系統、內分泌系統、淋巴系統之問題。以及生殖系統精液、輸精管、輸卵管、卵巢等問題。天相五行屬水，故凡身體上與水道系統有關之疾病皆屬之。如膀胱發炎、無力，糖尿病、淋濁、腎臟寒濕，身體氣虛，以及血液的問題，如地中海貧血症等。

天相星是天生的福星，會自然享福，享衣食之祿。天相又是勤勞的福星，要有工作才有財祿。但亦不可太操勞，太操勞的勞祿之人，也就會無福，也會財少。所以天相坐命的人，多半一邊做事一面享福玩耍，或趁工作之便，來享受美食之樂和旅遊。天相坐命的人，也不能參與爭鬥，則必會刑福或敗下陣來。但命格有『刑福』、

『刑印』格局的人會好爭鬥，也會爭鬥不贏，反傷害面子或自己的身體和性命。

有一位命格是『天相、擎羊』坐命卯宮的朋友，因在九二一地震時，在家鄉南投幫助救難行動，鄉親們常感謝他的義行。他覺得自己有助於鄉里，人緣也不錯，於是想出來競選鄉民代表，問我當選的機率有多少？

這位朋友本命是『刑印』格局，就是天生無法掌握權力的人。因為其遷移宮是廉破，故能在災難現場協助受難家屬處理屍體、喪葬事宜。遭受苦難的人受之如旱地甘霖，但這不能與政治劃上等號。

競選活動是政治的鬥爭，內容是複雜又多變的，而且時間會拖得很長，災民受創嚴重，會無暇顧及政治。況且這位朋友以一己之力幫助的人也有限，其人在眾多救難者之中也只是螢螢之火，妄想當地的災民在選舉上報答其義舉實不可能。而且有『刑印』格局，在『命、財、官』的人，自己容易誇大其功績，其工作可能常受人非議。因此我想，這是他自己想得太多、太好了，事實與現實都出入很大，是故勸他放棄此念頭。

況且，這位朋友不去選，或選不上，對別人都是有福的！因為其人的遷移宮是廉破，他到那裡都容易多是非、多爭鬥，而且容易造成環境的混亂和破敗，自己運氣常不好，也容易帶衰運給別人。就像立法委員林重謨和台北縣蘇貞昌都是廉破坐命的人，遷移宮是天相陷落，如果他們做國家領導人，那這個地方的窮困及爭戰會讓百姓更困苦不堪，美國小布希總統就是一例，他是廉貪坐命的人，剛到任就有九一一事件，全國陷入反恐的警戒之中，他也利用此種反恐的武裝警戒來鞏固自己的政權。倘若總統仍是柯林頓來做或其他好命的人來做，也不會使國家遭受如此大的創傷，恐怖組織也只會是像從前一樣是地下活動而已。所以美國人選了這個總統，也就是美國人命該如此！

天相入命、身宮的人，還有一個特質，很會存私房錢。無刑剋時，一生福厚，錢財順利。天相陷落入命、身宮，或者刑剋時，就會存不住錢，常有破洞要花費，入不敷出了，但仍愛存錢。

天相入命、身宮的人，無刑剋時，會在該管的時候管事，很會把握時機，所做的事也讓人欽佩、感念，稱頌不已。有刑剋或居陷入命、身宮時，其人易該管的時候不管，易偷懶或腦子有怪思想，愛計較，自私，有利於自己的事才做，也會多是非，沒有責任感。或事情做了而讓人抱怨。

第二節　天相的格局

天相的格局

1.『府相朝垣』

此格天府、天相在命、財、官三合宮位中相照守來朝祿稱之。加煞星者不是。由以財、官二宮有天府、天相來朝命宮為正格。有衣食之祿，也能做公務員，出仕為官，命運亨通。

2.『刑印』格局

在命盤上，凡有天相和擎羊同宮或相照時，皆為『刑印』格局。因此命盤上有『破軍、擎羊』同宮時，也會『刑印』。因擎羊會和對宮的天相形成『刑印』格局。

凡命盤中有『刑印』格局者，皆有懦弱、怕事，無法掌權做主，不負責任，沒有擔當之特質性格，遇事多猶豫，拿不定主意，顧慮多，想得多，最後卻會做出損人不利己的決定。有此格局的人，易勞心勞力，勞碌一些無關緊要的事，學習能力也不強。也容易做事畏縮，投機取巧，易被人罵，被人挑剔。易做一些失面子，不光明的事。

凡有此格局者，不論男女，在行運時遇到，流年、流月、流日、流時逢到，有官非、災禍、傷災、車禍、被欺負、被殺死等危險，也易吃虧上當，想爭爭不贏，吵架也吵不贏。當行運在『刑印』格局上時，會頭腦不清，看不清現實利害狀況。本身沒能力還強勢要爭，以至於招災。前星座專家陳靖怡就是逢『刑印』格局時，為男友用水果刀殺死。就是此例。

『刑印』的格局有很多種，例如天相在丑、未宮有擎羊同宮，或對宮有紫破、擎羊者，稱之。又如天相在卯、酉宮，有擎羊同宮，或對宮有『廉破羊』者稱之。又如紫相、擎羊同宮，或紫相對宮有破軍、擎羊相照者稱之。又如『廉相羊』同宮，或廉相對宮有破軍、擎羊相照者稱之。此皆稱之為是有『刑印』格局的命格。

『刑印』格局不但是受災、受欺負，當擎羊居廟時，也會凶悍、不服輸、不肯吃虧而殺人、闖禍。例如陳靖怡的男友也有『刑印』格局在未宮，擎羊是居廟的，也就在這個大運中殺人闖禍，而斷送自己的一生。

3.『刑囚夾印』

『刑囚夾印』格，是指廉相和擎羊同宮，或廉相對宮有破軍、擎羊相照之格局皆是。『刑』指的是擎羊，『囚』指的是廉貞星。『印星』是天相。表示天相被擎羊和廉貞星相夾劫殺。這是『紫微在寅』和『紫微在申』兩個命盤格式的人，且是逢丙年、戊年、壬年所生之人會遇到的格局。

當有『刑囚夾印』格時，無論在命盤上那一宮，會頭腦不清，思想混亂，因小失大，有官非，血光，車禍，受欺負，受強暴，或遭盜賊侵害，有性命之憂，連賠償官司都打不贏。還會打官司打很久，拖很久。

當『刑囚夾印』格在命、財、官等宮時，其人不實在，內心有小奸小詐，也常會自做聰明，用一些小計謀來辦事，但總易讓人說破、看破，因此有『刑囚夾印』格在命、財、官的人，實際上是頭腦不清、做不了大事，又易投機取巧，工作起伏大，或根本無工作能力的人。若又逢『刑囚夾印』運程時，就會失去工作，無工作，而靠人吃飯渡日了。

當『刑囚夾印』在命宮時，身體易遭傷，或有先天性傷殘之身體，頭腦糊塗，天生多是非，好爭爭不贏，為無用之人。**當此格局在財帛宮時**，錢財不順，賺不到什麼錢，工作失利，工作能力不佳，易被人辭退，終身有債務纏身，本命是財窮之人。雖其命宮為武曲財星，非常愛賺錢，又沒有方法來賺錢，是只能看別人賺錢的財星，且是窮困的財星之命的人。**當此格局在官祿宮時**，表示思想和觀念都糊塗，工作能力也不強，易工作時間短，或根本不工作，靠家人救濟度日。

當行運逢『刑囚夾印』運時，會有官司纏身，事業破敗，血光，開刀，車禍，傷殘，受侵害之事。而且一切的災害都會帶有官非的問題，十分不吉，也官司打不贏，只有吃虧認倒霉的份。

4.『刑囚夾印』帶化忌的格局

有廉貞化忌、天相、擎羊同宮，或廉貞化忌、天相同宮，對宮有破軍、擎羊相照者，稱為『刑囚夾印』帶化忌的格局。

當有此格局時，是比原先只有『刑囚夾印』時更為嚴重的。表示受到災禍後，血光和官非更纏繞不停。而且災禍十分嚴重，會危及生命，有立即死亡之意，死後還官司打不完，糾紛不斷。

當『刑囚夾印』帶化忌之格局在命宮時，表示其人身體有傷殘破裂。例如免唇、唇額裂，是先天性的傷殘現象，也會有精神疾病、情緒不穩定的現象，一生須受人照顧。有此格局者，以丙年坐命坐午宮的人，最嚴重。因此要小心在丙年時生出此命格的人。不過，他的父母宮為天梁居旺，因此父母會照顧他。由其是母親會為他付出很多心力。

凡有『刑囚夾印』帶化忌之格局，在『命、財、官』等宮出現，其人身體都有傷殘現象，無法工作，會靠家人生活。此格局出現在六親宮時，六親中就有傷殘之人。如在兄弟宮，兄弟不善及傷殘，會早逝、惡死。在夫妻宮時，易不婚，或嫁娶傷殘之人，或與黑道不法人士通婚，婚姻不美，要小心喪命於配偶之手。若與殘障人士結婚稍好，但也會有生離死別之痛。

有『刑囚夾印』帶化忌之格局在『命、財、官、夫、遷、福』

等宮之人，皆內心險惡，本身易與不法及黑暗事物接近，多為財而死，常挺而走險，為利是圖，別人害怕的人或事，他卻不怕，內心鬼怪多，等到遭災時，再來到處求援。等過了此災之後，又不怕了，又故態復萌，因此最終必惡死。

5. 寅逢府相，位登一品之榮

『寅逢府相，位登一品之榮』，此指在寅宮有紫府、或武相入宮，而寅宮又為命宮、財帛宮或官祿宮者稱之。會有高官厚祿之際遇。

寅宮為紫府時，三合宮位上，午宮為廉相，戌宮為武曲居廟。若無煞星來剋，這個三合宮位皆是財官甚多的命格架構，富貴全通。

寅宮為武相時，三合宮位上，午宮為紫微，戌宮為廉府。若無煞星來剋時，這個三合宮位也是財官雙俱的命理架構，一生福祿都有。

因此，當寅宮有紫府或武相時，三合都完美，無羊、陀、火、鈴、劫空、化忌、祿存、昌曲入內，在行運上每隔三年都有一次好運，人生的層次就能累積增高，人生的順利度也會增強，命、財、官上有紫府、武相，無煞沖剋之人，會能力好，智慧高，又兼具福德品行，人生的正派及光明面較多，命格較高。

※祿存會限制紫府和武相的發展，成就不高，人緣不好，無法有高官厚祿的成就。昌、曲在寅宮居陷，也是會刑剋紫府和武相的財、官之路，故皆為不吉。

府相同梁
《上冊》

6. 府相同來會命宮，全家食祿

『府相同來會命宮』是指財帛宮和官祿宮有天府、天相，一同來照會命宮，若無煞星刑剋者，會有富貴，能照顧自己一家人之衣食溫飽。就像空宮坐命巳、亥宮，對宮有廉貪相照的人，雖環境不佳，但財帛宮為天相居廟，官祿宮為天府。此命格的人，也能有固定的工作，有衣食溫飽的薪水可用。又例如空宮坐命丑、未宮，對宮有武貪相照的人，其財帛宮為天相陷落，官祿宮為天府居得地之位，此人周圍的環境雖有財，有機會，但財運遭蹇，只要不斷勞祿工作，生活也過得去，可養活一家溫飽了。

府相同來會命宮，格局好一點的，如廉貞坐命寅、申宮，財帛宮是紫相，官祿宮為武府。這種格局，無刑剋湊殺時，就能創造較大的財富了。又如紫微坐命子、午宮的人，財帛宮是武相，官祿是是廉府，也能有較優質的食祿之資，一生不愁錢財。

紫微幫你找工作

『男怕入錯行，女怕嫁錯郎』。
現在的人都怕入錯行。
你目前的職業是否真是適合你的行業？
入了這一行，為何不賺錢？
你要到何時才會有自己滿意的收入？
法雲居士用紫微命理幫你找出發財、升官之路，並且告訴你何時是你事業上的高峰期，要怎麼做才會找到自己有興趣的工作？
要怎樣做才能讓工作一帆風順、青雲直上，沒有波折？
『紫微幫你找工作』就是這麼一本處處為你著想，為你打算、幫助你思考的一本書。

第七章　天相的形式

第一節　天相單星的形式

天相單星的形式

天相單星的形式會在丑宮、未宮、卯宮、酉宮、巳宮、亥宮等六個宮位形成。

天相是福星，因此會有助福、增福的『輔福』形式或劫福、刑剋福氣的『刑福』形式。『刑福』會使人勞碌多，享福少，享受財祿也少，以及吃虧上當，命短、受傷、血光等問題。

天相也是『印星』，帶有掌權權力和領導及管理的能力與毅力。這是一種強悍、正直的力量。若有吉星同宮更助長權力和領導力及管理能力與毅力時稱為『輔印』形式。若有凶星同宮或相照時，會刑剋掉掌握權力與領導力與毅力時，會使其人懦弱不堪，或愚昧、或衝動不走正路，易遭災禍，這就是『刑印』形式了。

例如：

天相加一個左輔或一個右弼星入命宮、身宮、福德宮，或財、官、遷、夫等宮時，無煞沖剋時，是『輔福』、『輔印』的形式。其人天生能享比常人多兩倍以上的福氣，身旁會有左右手來侍候、照顧他。其人也會有領導能力，有時也能較偷懶，一定會有人幫忙他做事，讓他有錢花，非常好命。

其人也天生有比常人多兩倍的趨吉平復災厄的力量。別人也喜歡黏著他，捧著他。可是天相必須在得地以上的旺度才可。例如是丑、未、巳、亥宮的天相才行。**若是天相居陷（在卯、酉宮）再加一個左輔或右弼**，就是更增加無福、無印、沒權力，會多惹災禍不吉了。其人會災禍更凶，也更無能力，賺再多的錢也只是平復災難而已，耗財更凶，對自己沒益處，只是辛勞而無所得了。其三合宮位中必有天府加另一個右弼或左輔同宮，表示更辛勞在賺錢，計較錢，更小氣吝嗇，痛苦更多。

如果是天相在巳、亥宮加一個左輔或右弼，而卯宮是空宮，會有另一個右弼或左輔入宮。如果天相、左輔是命宮，則官祿宮是右弼獨坐，有紫貪相照，這樣的格局會較好，表示工作有朋友幫忙介紹，也能有平順的事業，及較高的成就。一生多遇貴人，能有舒適生活，也會有志同道合的配偶，但要小心第三者介入，或你介入別人的感情或家庭之中。此格局的人也可能不工作，靠配偶養活。

倘若是在丑、未宮，有天相加左輔、右弼三星一起同宮時，是特殊的桃花格局，會偏向享福方面，愛享齊人之福，較懶惰，天生會有人養活他，他會靠異性生活，會運用性關係來討生活，這是和情色有關的人生形態。縱使有『印』能掌權，他也不會用了，會人云亦云，隨波逐流了。

『天相、文昌』同宮的形式

天相和文昌同宮或相照時，對宮一定有破軍星相照，是紫破、武破、廉破。因此就會形成『窮』的格局和水厄現象。所以當天相和文昌同宮或相照時，文昌居廟、居旺，其人就會外表斯文一點，對錢財精明一點，但還是不富裕，只是窮打算而已，人生無多大發展。做貪圖名聲的工作可以，清高而賺不到錢，耗財較多了。

天相、文昌同宮時，在巳宮，文昌居廟，是『增福』、『輔福』、『輔印』的形式。**在亥宮**，文昌居平，仍有福、或稍具文質色彩，但無法增福、無法輔福，無法『輔印』了，但也不刑剋福、印。只是無太大利益而已。但因本身是窮困色彩的格局，只是想辦法在平順錢財與貪些小的吃喝享受而已。因此，當命格中有『輔福』、『輔印』形式時，其人會斯文，有氣質，對錢精明，若能多讀書，知識水準高，一生所享之福為高尚、輕鬆，品味高的福氣。也會生活水準高尚，精緻，不為俗人或低賤之人。一生能享精神上的快樂。若讀書不成時，只是窮中作樂之人。為一普通小市民生活形態的人了。

當天相陷落加文昌同宮時，在卯宮文昌也居平，在酉宮，文昌居廟。天相陷落是無福有災，不安定，不順暢的狀態，也會多災多難，文昌又和對宮的廉貞、破軍形成窮困格局。這是十分窮，不安穩了。文昌並沒有給陷落的天相帶來加分作用。

在酉宮居廟的文昌，會使其人性格清高，不實際，外表略斯文、清秀一點而已。**在卯宮的文昌**，會使其人更窮，頭腦也不聰明，因文昌居平的關係，也會想存錢，但無錢可存，始終在窮困的生活中打轉，亦會清高不實際，不會賺錢，也不想賺錢。

『天相、文曲』同宮的形式

天相單星和文曲同宮或相照時，對宮也一定有破軍相照或和文曲同宮，是紫破、武破、廉破。因此也會形成『窮』的格局和水厄現象。

當『天相、文曲』在巳宮、亥宮時，文曲居廟或居旺，天相居得地之位，福氣是普通的福氣，但會因口才好、桃花多、人緣廣、才華多，而有『輔福』、『增福』、『輔印』的增吉力量，吃穿享受會好，賺錢機會增強，但有些錢，你會清高而不愛賺，故會依然窮困。

當天相、文曲在卯、酉宮時，天相陷落、文曲居旺或廟位，表示福不全和災禍也增多，會有口舌是非很熱鬧的情形，但無法掌權力和福氣。容易勞碌、瞎忙，或忙些窮困、災難、死亡、債務、病痛之事。因此在醫院或救難、救災的機構工作是好的。若有文曲化忌同宮時，更該如此，一生無大財可進，只是周轉而已，且多是非、災難與刑剋，若在命、財、官、遷、福、疾等宮，亦會短壽及遇災而亡。

當天相、文昌、文曲三星同宮在丑、未宮時，是桃花格局，好淫，在丑宮，較美麗、聰明、圓滑。在未宮，聰明度稍差，美麗也較差一點。此格局在命、財、官、遷、福等宮，全靠異性賺錢或生活，但昌曲和對宮的紫破，形成窮的格局，一生無大的工作能力，易做與情色桃花有關的工作，入風塵之中或靠人過日子。

『天相加擎羊』同宮或相照的形式，為『刑印』格局

天相和擎羊同宮，或在對宮相照的形式，為『刑印』格局。此格局若在命、財、官、夫、遷、福等宮出現，都是懦弱無能，易受欺負，無能力掌權、不敢說硬話，膽小怕事，不敢負責任的格局。

亦容易受騙上當，印章失效，桃花變色，容易受到強暴、侵害。朋友借錢不還，倒債，和不禮貌的對待，嚴重時會傷害性命。故此也是『刑福』的格局。

天相單星時，會在卯、酉、丑、未宮，和擎羊同宮，形成『刑印』格局。在丑、未宮時，擎羊居廟，若入命、財、官、夫、遷、福等宮，其人平常會懦弱猶豫不決，但陰險愛計較，遇有利害衝突大時，也會突起凶勁，挺而走險，殺人、拼命。『天相、擎羊』在卯、酉宮同宮或相照時，若在命、財、官、夫、遷、福等宮的人，是極端懦弱而有小奸、小詐的人。因天相、擎羊都是陷落的，本身災禍多，智慧也不高，用點小聰明，反而會愈變愈壞、愈慘。因此有『刑印』格局的人，若受到不公平的待遇，或遭災，若能忍耐，就能度過難關，至少不會陷自己更淒慘的境遇。

『天相、陀羅』同宮的形式

天相加陀羅在命、財、官、遷、福等宮時，為『刑福』形式，有破相、傷災、身體有殘疾，羅鍋駝背，勞心勞力，『福不全』。身體有病痛、頭腦不好，較笨，理財能力不佳，耗財多，計算能力不好，做事拖拖拉拉，慢半拍。也會使復原災禍的力量發揮不出來。天相、陀羅同宮，會在丑、未、巳、亥宮同宮。**在丑、未宮時**，陀羅居廟，其人會特別頑固不化，自以為是，態度強硬。就算錯也要堅持下去。就算無福也硬要說自己有福。其在運程上，這是一種操勞不斷，多做無益的事，白忙一場，但自己會安慰自己，以為白做的事以及無益的事是人生必經之過程。下次再碰到同樣的事，還是會再同樣錯一遍，無法改善。此運小心傷災、血光，但不嚴重，尚無坐命危險。**在巳、亥宮的『天相、陀羅』**，因陀羅是居陷的，天相又在得地合格的位置，故『刑福』會較嚴重，傷災，血光也會較嚴重，又因對宮是武破相照，故車禍傷害較嚴重。此形式在命格及運程中皆是因又窮又笨，而遭災，十分不吉。

『天相加火星或鈴星』的形式

天相加火星或鈴星的形式，也是『福不全』的形式，有病痛、殘疾，會帶病延年，為『刑福』格局。此種『刑福』形式是突發狀況，是突然生怪病，或突然受傷，遭災。**倘若在丑宮**，天相居廟，火星或鈴星也居廟，則易突然遭災，或突然生病，但也會突然變好了，讓人莫名其妙。因此火、鈴星為煞星，居廟時，還不算太凶，只是愛搞怪，再加上天相也居廟，復元的力量強大，因此會突然變好了。但在未宮，已、亥宮，天相居得地之位，火、鈴居平，復元的力量就沒那麼好了。在卯、酉宮時，天相陷落，根本無復元力量，因此會遭災嚴重，古怪了。

『天相加天空或地劫』的形式

天相加天空或地劫的形式中，當只有一個天空或地劫時，也是『福空』、『印空』、『劫福』、『劫印』的形式。但福氣和印（權力）還未完全被劫成空，還有一點福氣，只是頭腦不實際，自己有福不會享，思想清高古怪，愛享奇怪的、自以是的福氣，若為『劫印』、『印空』形式時，是自己不愛管事、不想管事。因此是自己不知道如何掌握權力，自己的價值觀也和別人不一樣。如果肯聽別人意見，就能掌握權力機會了，也就不會印空和劫印了。

倘若天相和天空、地劫三星一起同宮在巳、亥宮時，是真正的福空、印空、劫得光光的了，此形式在命、遷、福等宮時，都易有精神疾病，也不長壽，思想清高，不實際，有福不會享，終身不富裕，宜在宗教中寄身。

第二節　天相雙星的形式

天相雙星的形式，就是紫相（紫微、天相）、武相（武曲、天相）、廉相（廉貞、天相）等兩顆星一起同宮的形式。

有關於紫相的形式，在《對你有影響的紫廉武》一書中，第84頁起，有詳細的解說介紹。紫相是自成一體單獨的形式和命格，他和天相單星時是不同體質的形式和命格，因此不能用『紫微加天相』這種方法來看待他。有關於『紫相』的特質，剋應到人、事、物、地、疾病，以及建築形態，與命理格局、刑剋狀態，都在《紫廉武》一書中有詳盡解析。請讀者參考之，此處不再贅述。

有關於武相的形式，在《對你有影響的紫廉武》一書中，第384頁起，有詳細的解說與介紹。武相也是獨成一體的形式和命格，不能用『武曲加天相』這種解釋方法來看待他。有關於『武相』的特質、剋應到人、事、物、地、疾病，以及建築物之形態，與命理格局、刑剋狀態，都在紫廉武》一書中有詳盡解析。請讀者參考之，此處不再贅述。

有關於廉相的形式，在《對你有影響的紫廉武》一書中，第244頁起，有詳盡的解說與介紹。廉相也是獨成一體的形式和命格，不能用『廉貞加天相』這種解釋方法來看待他。有關於『廉相』的特質、剋應到人、事、物、地、疾病，以及建築物之形態，與命理格局、刑剋狀態，都在紫廉武》一書中有詳盡解析。請讀者參考之，此處不再贅述。

如何掌握婚姻運

如何尋找磁場相合的人

第八章　天相在『命、財、官』及『夫、遷、福』對人之影響

當談到『天相』時，大家對它記憶深刻時，就是它是『福星』、『印星』的印象。但是天相本身還帶有『醫生』的特性。這是大家常常忽略掉的。在我們周遭的環境中，也可常看到天相坐命者做醫生或護士，或做醫療器材，或做整骨師、中醫師、獸醫等等職業的人。天相在命、財、官、夫、遷、福等宮的人，就有機會做醫生或醫療事業。並且，還可能做針砭時弊、講求公平正義的政治人物如立法委員、或幫人醫治官非、料理善後的律師。也可能做精神病醫

師、心理輔導師、教師、會計師、品管師等職。這些職務也都是介於幫人醫治精神上或事業上或能力上、或生活上之不足所產生之危機、病變的問題。例如陳水扁總統是廉相坐命的人，在當立法委員時期，對政事及官員質詢時砲火猛烈，即是一例。天相在命、財、官，夫、遷、福等宮的人，有自己一套公平、公正的原則。時間變化，物轉星移時也會變化多端，雖不見得其公正性會被人認同接受，但他自己是這麼自以為是的。不過，大致上講起來天相出現在這些宮位時，就是帶有這種料理善後，醫治性的、使其略變好的、福星似的、愛做好管型的特質與影響力了。因此，我們在看天相在各地支宮或命、財、官、夫、遷、福等宮時，這三種特性都要完全牢牢記住，就會將它對人的影響解釋的十分清楚了。另外，也要看天相的形式來定其在『命、財、官、夫、遷、福』對人影響的吉凶。例如：是天相單星的形式，還是雙星形式（紫相、武相、廉相），這些形式意義都是不同的。又例如，天相是否受剋，是否和羊、陀、火鈴、劫空、化忌同宮，是否有『刑福』或『刑印』的格局？

另外，還要看天相的旺弱，在何宮位，（因其對宮有破軍星，是紫破、武破、廉破，或破軍單星，要看對宮破到何種程度，要看破軍對天相的影響利害，來定天相能復元、療傷的層次。）因為，當天相在命、財、官、夫、遷、福等宮時，實際上已規格化了你人生的層次高低，財富多寡、內心的想法，與觀念的好壞，對人生有利的程度，以及實際上能享到平順福氣的程度了。

第一節 天相在『命、財、官』等宮對人之影響

府相同梁
《上冊》

天相在命宮時

天相單星在命宮時，其人相貌端正、溫和、忠厚老實、愛講求公平、公正，常會因不公平或不公正的事和人計較。在做事時，是有時發奮打拚，常又顯衝勁不足的狀況。天相居旺時，好衣著、美食，穿著會端莊、整齊，但會人瘦重穿著、重色。人胖重美食。好衣食享受的程度是隨天相的廟旺或得地、陷落而有高低程度的。

天相單星在命宮時，其人的環境很重要，**對宮是紫破時**，喜歡

美麗、高尚價值貴的東西，比較虛榮感重，因為環境優越但美中不足或外表看起來很不錯，但內裡複雜不完整的環境。**對宮是武破時**，環境較窮困，不富裕，一生的生活水準都不會太高。容易在窮人中打滾、辛勞。**對宮是廉破時**，環境中破敗、窮困得更嚴重，其人容易走到那裡，都易連累別人破敗，自己也是多遇不吉之事。

天相雙星時，對宮都只有一個破軍星，會因破軍的旺度不同，其人打拚能力和環境中『破』的程度不同。**紫相坐命的人**，對宮是破軍居旺，自己打拚力量還算強，環境中破的程度還不算太壞，只是易和家人不和而已。**武相坐命的人**，對宮是破軍居得地之位，打拚能力稍弱，易家人少，分離或不和。**廉相坐命的人**，對宮的破軍在居廟位，打拚能力強，環境易亂糟糟的。

天相坐命者，本身有醫療或醫治平復環境中不吉的力量，這是福星所帶來的福份，來重整修復環境中之瑕疵、破敗的能力。但也一定必經破敗、爭鬥、離散、病痛等等的問題。所以天相坐命者（包括紫相、武相、廉相）都會家中有問題，或遇有災難、窮困等事。這個人就是來料理善後的人。同時他也是治療解決這些問題的醫生了。倘若天相受剋時，有『刑福』、『刑印』格局或天相陷落時，其人料理善後及治療問題的能力就缺乏或消失，或不完整了。那這個家庭，或這個環境就無救了，會依然停留在原點及有災和不吉的地方。因此天相命格的人，不但規格化了自己人生的層次，同時也影響了周遭人的生活環境。也因此，完美無剋的天相坐命者，能帶給家人或周遭人福氣，而天相受剋入命的人，給家人或周遭環境的福氣較少，或無福有災了。如天相陷落坐命的人（在卯、酉宮），其人環境窮，多是非，一生不平靜。也會多為家人和環境帶來爭鬥、麻煩、災禍。

紫相坐命的人，能用正派的思想，用政治手腕，做公務員、薪水族、管理階層，來醫治環境中混亂或錢財上的破耗。紫相坐命的人是以穩定的性格、思想、高尚優質的福氣，來醫治周遭的混亂局面。

武相坐命的人，是因外剛內柔的性格，用政治手腕及錢財的福氣來醫治周遭的混亂與破耗，來平定周遭混亂局面的。

廉相坐命的人，是用一點一點的人緣桃花，一點政治手腕和粗糙笨拙計謀，和一點私心，用曲折競爭的手法來醫治周遭的混亂與破耗，來平定周遭混亂局面的。因此，凡是天相入命宮的人，都有自己一套趨吉避凶的做法，這種做法和常人不一樣，獨成一格和自己的一套體系，有時別人也看不懂，會覺得他們不按牌理出牌。但讓他們來說，只要行得通，都是好方法。有時候天相坐命者也會凶起來或說一些沒格調的話語，會讓人訝異。這是他們想硬著頭皮發奮打拚，想衝出艱難的環境，為維護自己的利益和福份在打拚了。脾氣好的天相坐命者，突然發起脾氣來，其震憾力也是十分驚人的！因此大家都不要忽略了他的外柔內剛的一面。

天相坐命者只有在有危機意識時，才會發奮、發狠，平常是懶洋洋的，衝力不足的，也不想計較的。若發現別人對自己不公平，就十分生氣，要拼了。因此對天相坐命者的小孩不好好唸書，工作不努力，就要用激將法、比較法，和別人比較，使他產生同樣是人，為何如此不公平？他就會發奮努力了。

天相在財帛宮時

當天相在財帛宮時，你的福德宮就會有一顆破軍星，這表示你天生就花錢很乾脆，捨得花，也愛打拚賺錢，一直想在財富收入和支出上找到一個平衡點。當然你在賺錢及花錢時，也很講究公平的原則，你也很會理財，不夠用時，也很會想辦法生財。大致講起來錢財還算是順利的。因為你會掌握穩定的生活，會有固定薪資的收入，一生辛勞來讓自己過平順的生活。儘量不會讓自己有錢財上的煩惱。你會過一板一眼的規律生活，因此大半人生也會很穩當。剩下的是感情方面的問題，和家人方面的問題也很好解決了。

當有羊、陀、火、金、劫空、化忌和天相同宮在財帛宮，形成『刑印』或『刑福』形式時，你在錢財方面能平順的程度就會較低了。有『刑印』格局在財帛宮的人，常會理財能力不好，該賺的錢賺不到，或錢財遭騙、被人借走不還，或薪資拿不到，白做了。有『刑印』或『刑福』格局在財帛宮的人，也會頭腦不實際，對事情的看法和實際環境狀況有很大的差異，因此你所做的事往往不符合別人的要求。你也會做事粗糙，而且不負責任，遭人批評和責難。自然賺錢的機會就少了，你因為錢財不順，但還是很想賺錢，心態也會偏激。如此惡性循環，工作也會不順或工作不長久了。

紫相在財帛宮時，紫微、天相雖都在得地之位置，但紫微和天相都是能趨吉避凶的星曜，故有雙重的復元及增強財力的能力。當紫相在財帛宮時，在賺錢、處理財務上是一種具有高地位、高格調，具有穩定的高職位來賺錢的模式。在花錢消費上，也會是好買高貴，精緻的物品，做高格調之消費。有此財帛宮的人，借錢也十分容易。**倘若有昌、曲同宮時**，對宮福德宮也會有破軍和另一個昌曲同宮，也就是一生勞碌，本命窮，會東拉西借的過日子，表面看起來生活不錯，但一生勞累，始終未必會存得了錢，也始終未必能過富裕日子。**有擎羊同宮時**，是『刑印』格局，縱使是紫相也敵不過擎羊，賺錢的能力會差，錢財容易有漏失、賺不到，也容易有窮困或錢財不順的狀況發生了。**有陀羅、火、鈴、劫空同宮時**是『刑福』形式，賺錢也會較少及耗財多了，或是該賺的、賺不到，或因衝動或不實際而錢財不順了。**有文昌化忌或文曲化忌同宮時**，仍是一個『窮』字，且多是非災厄。

廉相在財帛宮時，表示你賺錢和花錢的模式、理財方式是用大腦不多，也沒有什麼聰明才智，只是用一種很簡單的料理整齊式的方法來賺錢。花錢的方式也是一種只重平順及生活上衣食享受，對其他的投資之事沒什麼興趣，也沒有太多想法的用錢方式。也就是說你的理財能力其實並不算好，只求平順而已，無法用以錢滾錢的方式來賺錢。你會很辛苦的賺錢、存錢，會用專業能力在一個特定的職位或職業上賺錢，但一個特定的環境也會讓你花費及耗財多，例如家庭開銷大，讓你花費多。不過，你始終能有福氣，有方法將破耗平衡。如果**有羊、火、鈴、劫、空、化忌同宮或相照時**，就是『刑印』、『刑福』的色彩了。錢財便難順利，常有錢財不濟、耗財多，享受財祿的福氣也少，一生中常有窮困的日子了。

武相在財帛宮時，表示你賺錢和花錢的模式是很直接的、和政治有關，或和錢財有關的賺錢方式，例如說做公務員、官吏或軍警業，領薪水的方式賺錢，或是在銀行業、金融業和錢有關的行業賺錢。你花錢的方式會是直接付現款、現金較多的方式，而且是買一些具有價值昂貴的衣食享受之用品。你會有富裕、平順的金錢來源，進財永遠大於消費，因此也能有多一點的積蓄，理財能力不錯。偶而也能以錢來賺錢，做一些投資。**當有陀羅、火、鈴、劫空、化忌同宮時**，賺錢的方式就會笨或不實際了，常會金錢不順、耗財多，收入不穩定，而消費大於進賬，這是財福受到刑剋的關係所致的，你也會理財能力不好，賺錢沒有方法，花錢也不太用大腦，計算錢財的能力也不好了，辛苦一些。永遠易在窮困的階段走不出來，也會工作不順，人生起起伏伏。

天相在官祿宮時

天相在官祿時，你的夫妻宮都有一顆破軍星，你的命宮都有一顆天府星。這表示你本身是穩當忠於職守，會在事業及工作上做一些打拼及料理的工作，或和衣食享受有關的工作，例如做會計、金融業、保險業、或文職、秘書、或經商、開店，或管理公司大小瑣事等工作。工作穩定，所得之錢財也很穩定。凡事你會喜歡有特定的投資報酬率，害怕錢財的數目不穩定，因此多半會做上班族、薪水族。雖然如此，在你的內心中都會有一種和常人不一樣的價值觀或衝動想法，因此你會在感情上破耗多。你的事業及工作會和感情有關。你是屬於情場得意，工作就失利。工作得意，情場就失利的典型人生。因此要感情與工作均得意，是非常不容易的事。

天相在官祿宮時，你的財帛宮就是空宮，表示你的財運是較空茫的，也表示你這個財庫星坐命的人，是替別人管理錢財的，你必須有工作、持續的工作，才有錢花，也才會存到錢。

當有羊、陀、火、鈴、劫、空、文昌化忌或文曲化忌和天相一同在官祿宮或相照時，就是『刑印』、『刑福』形式，工作就會不穩定或不工作，錢財不順，易窮困，也易靠他人養活過日子了。

當天相單星在官祿宮時，也要看對宮（夫妻宮）的形態來定你工作上能得到的財福，及工作上可以賺到多少錢，例如夫妻宮是武破的人，表示你內心本身就是較窮的，所以你也會賺到剛夠衣食之需的錢財就心滿意足了。在工作上的能力也是只要能應付過得去就行了，不會做太大的努力和發展。當官祿宮是天相陷落時，你的夫妻宮是廉破，你是工作上職位不高，較辛苦、操勞、賺錢少的人。你內心的想法也是能補足錢財上的漏洞就滿足的形態，因此也不會多用腦子來賺大錢。

紫相在官祿宮時，工作型態是和管理階級、修理、建造、重整、醫治弊病有關的行業。例如做公務員、課長、處長等職位，教書、或工程營建業、官吏、公司工廠負責人，或公司重整、會計師、醫師、補習班老師等等的職業。你工作的態度也是一直在解決問題，使工作邁向有錢途及平順的境地。工作能為你帶來中等的、優質的、富裕的生活，你也會每天處心積慮的在賺錢，在往上爬。你在工作上有天生的好運福氣，也很容易賺到你所滿意的錢財。**當有羊、陀、火、鈴、劫、空及昌曲或文昌化忌、文曲化忌同宮時**，工作就有起伏不順，或表面工作好，但賺不到什麼錢了。由其是『紫相、文昌』或『紫相、文曲』同宮時，因昌曲和對宮的破軍形成『窮』的格式，故是表面工作很文質、文雅、熱鬧，但實際上賺不到什麼錢的狀況了。

武相在官祿宮時，工作型態是和政治、金融、衣食業有關的行業，做公務員、官員、公教人員、軍警業、教育界、衣食買賣業、銀行、金融體系之職員等等的工作。

你的工作態度剛直的，算錢算得很清楚的，一直在打拚、料理和錢財或政治有關的事務，你會始終忙碌在人際關係的政治學上，想要升官，升職，或多賺一點錢，使自己更生活富裕。**當有陀羅、火、鈴、劫宮、化忌同宮時**，你會工作有進退，工作上所賺的錢無法滿足生活之需。或工作不長久，或多所破耗，或工作不順，人生也起起伏伏。當有文昌、文曲同宮時，表面是還平順可賺錢的工作，但常鬧窮，也賺錢不多，入不敷出。

廉相在官祿宮時，工作型態是用腦不多，用體力較多的行業。也會是和一點點人際關係有關的工作形態。你會做上班族、薪水族，可以做公務員，也可在民營機場工作，你會做一些打理、整理、內容複雜破碎，但能組合起來，或整理完成就能得到一定數量的，可供衣食的豐厚錢財的工作。例如做店長、或管人事或小型貿易公司等工作。你的工作態度是做得差不多，有一個樣子就好了，表面上你也會很負責任、很辛苦，但實際上你不會花太多腦筋在工作上。工作能為你帶來衣食的富裕之資，你喜歡存錢和算帳，錢財能為你帶來快樂。**當有陀羅、火、錢、劫空、化忌同宮時**，是『刑印』和『刑福』格局，因此工作起伏大、不順利，易有轉行或失業及不工作的煩惱，一生也會錢財不順，也會靠人吃飯，自己不工作。

第二節 天相在『夫、遷、福』等宮對人之影響

天相在夫妻宮時

當天相在夫妻宮時，你的命宮都有一顆七殺星。這表示你的外表是很強悍、好打拚、較嚴肅，性格較硬，但內在的感情模式是很穩定的，情緒很能控制的。這也是說：你是一個喜於整理、調理自己內在情緒的人。自然你會很重視選擇配偶，會挑選一個情緒穩定、溫和、又很會做事，料理錢財、事務、並和你有相同人生觀與價值觀的配偶。所以你把你的人生大事中已先穩操勝算的先砥定了

一大半的人生成功的基礎了。也就是說，你在人生努力的過程中也會先要安定家邦，感情精神先找到寄託，做為你人生奮鬥的原動力，然後在工作上出擊，再一舉擊中，而成功。所以你有先天性的優勢，在本身性格的穩定性高，也不會人云亦云，或感情浮濫來擾亂人生努力成功的腳步。**當有羊、陀、火、鈴、劫空同宮，或有昌曲及文昌化忌、文曲化忌同宮或相照時**，你性格上的穩定性就低了，情緒起伏不定，也會影響到你工作的能力，與得到財福的能力。因此事業也會不順，感情也不順。夫妻宮有『刑印』、『刑福』形式時，你內心會狡詐，會因小失大，或找到傷殘配偶、或找到遺傳有問題的配偶，未來對子女的傳承都有問題。

當夫妻宮有天相，無刑剋時，配偶性格溫和，外表端莊、能幫你料理很多事情，配偶也會理財和料理家務、辨事能力強。你們能過衣食充足、平順快樂的家居生活。夫妻間相敬如賓、相互體貼、親密，能組成美滿家庭，配偶對你的照顧比你付出的還多。有『刑印』或『刑福』格局時，配偶的能力就很差了，你的內心也常不平衡，夫妻間容易計較和不和，也易不婚或離婚。

紫相在夫妻宮時，配偶是長相體面、愛面子、態度嫻雅的人。這也表示你自己的內心也是重視配偶，喜歡正派、外表端莊、言行有教養、知進退的人。不喜歡粗里粗氣，外表醜陋、不懂禮貌和規範的人。同樣的，你內心的感情模式情緒超穩定，控制自己的情緒很有方法，不會隨便發脾氣，也不喜歡別人隨便發脾氣，你會把環境中氣氛控制到最好。你也很瞭解人際關係中的政治運作，因此你的環境會被你控制得十分圓融、安靜、富裕。這樣對你自己在賺錢得財，與享受財福方面就十分得心應手了。所以你能過特別舒適的家居生活。**當羊、陀、火、鈴、劫空同宮，或有昌曲或化忌星進入時**，配偶運和感情運就有刑剋、不順或不和的狀況了。這是『刑福』、『刑印』或『刑官』格局，你也會夫妻不和，或懦弱，內心不平衡，以及工作不力，做事有麻煩做不好，以及價值觀和人生觀都有問題。也容易窮或感情及事業災禍多了。

武相在夫妻宮時，配偶是性格剛直，一板一眼，性格外強內斂，吃軟不吃硬的人。配偶也會特別重視錢財，配偶會賺錢也會理財，常常他自己管錢，不給你管。配偶的收入較多，能供給你豐裕的衣食之樂，你本身自己也是個較重視錢財和衣食享受的人。你本身也會性格穩定，一心想賺錢，你認為世界上只有錢最重要。夫妻倆會有共同的金錢和生活上的價值觀，生活能富足安樂，沒有後顧之憂。**當有陀、羅、火、鈴、劫空、化忌、昌曲同宮時**，你的感情就是有刑剋的，也易和配偶不和，或離婚，不婚，或找到較窮，或有錢財困擾，理財能力不好，欠債或賺錢少的配偶。你自己本身也同樣是個理財能力不好，想賺錢賺不到，工作不順利、不長久，或有金錢麻煩困擾的人。因此錢財和婚姻生活相互勾結在一起，常失去財福也失去婚姻，人生起伏大也不快樂。

廉相在夫妻宮時，配偶是乖巧、聽話，本身沒有太多思想、意見、性格溫和的人。他會完全聽你的話、幫你做事，無怨、無悔。同時在你的內心感情模式中，你也是個內心沒有太多想法，不羅曼蒂克，也怕麻煩，做事粗糙，能過得去便好，不會太計較的人。因此你們會是一對平凡的夫妻，過著平凡也平順的生活。**當有羊、火、鈴、劫空、化忌或有昌曲、祿存同宮時**，會是『刑印』或『刑福』格局，配偶和你都會是懦弱或衝動或窮困及頭腦不清或保守小氣的人，在感情上也不順暢，亦會影響工作不順，人生起伏大。你也容易不婚，離婚，或婚姻不快樂，人生的問題多多。

府相同梁
《上冊》

天相在遷移宮時

當天相在遷移宮時，你的命宮都有一顆破軍星。當天相在旺位以上時，這表示你是開創格局，及一生中在打破任何約束及規範限制的人。而周遭環境中是一種祥和的、穩定的、溫和的、不吵不鬧很平靜的環境。也會是有人能幫忙打理善後工作，替你解決困擾、幫你理財、幫你做事的一種環境。因此你可在這種環境中盡情發揮你的才能。但會因你本命帶財的多寡與本身才能的好壞會影響到你周圍環境富裕及順利的層次。**例如說：本命是武破坐命的人**，其遷移宮是天相居得地，享福的能力和能掌權的及努力奮發的能力也只有剛合格、六十分的能力，並不是太強，所以一般武破坐命的人都較窮，或過一般小老百姓有衣食的生活。倘若武破坐命者的八字中財多一些，也能有較好的際遇，做大事或勞碌，生活富裕一些。又**例如破軍坐命辰、戌宮的人**，其遷移宮是紫相，這是一種具有修復周圍環境能力極強以及具有平衡力極強的遷移宮。因為紫微、天相都具有趨吉呈祥、將災厄平復轉吉的能力。紫相也代表一種高地位、高高在上做管理階層的地位與努力目標。紫相也代表一種優質的生活環境，衣食無缺，衣食的享受也充裕豐沛、精緻。這還要看你命理配置的格局大小，富貴窮通，八字中財多、財少，以及六親及家庭的親密與富裕，社會地位的程度，才能定出紫相在你命格中所代表的是那一種定義。例如父母感情冷淡，但不離婚的人，表示你的周遭環境只是大家都對你好，能維持現狀，不會家庭破裂，家庭中尚有向心力可維持住。例如是家庭較普通或窮、不富裕的人，表示此人周遭的環境能漸漸小康，讓此人生活無虞。倘若八字財多的人，或帶官煞強的人，能入仕出相，具有打拚能力，能在平和的環境中步步高陞，達到掌權及做領導階層的地位和成就。當遷移宮是紫相時，就要看你八字帶財的多寡，來看你能過富裕、精緻的生活到底是那種層級的了。帶財多的，就能出生在富裕家庭、享受好。帶財少的，只是出生在普通家庭中有衣食而已，家庭中會有是非、爭鬥或貧窮狀況，一生也比較辛苦。

當天相在遷移宮時，其人有協調能力，也稍具理財能力。有紫相、武相、廉相在遷移宮的人，因天相的旺度皆高居廟，而且紫、廉、武都是官星，和政治有關，故其協調能力具有政治性。理財能力包括賺錢、花錢也都具有政治性。**倘若有昌、曲在命、遷二宮出現的人**，會有政治性的協調能力，但為命窮之人，理財能力就很差了。**有擎羊在命、遷二出現的人**，是『刑印』格局，協調能力與理財能力，發奮打拚的能力都差，其人頭腦也會糊塗，做事沒有原則，做事會亂搞，也不為人尊敬。有『武曲化忌、天相』或有『廉貞化忌、天相』在遷移宮的人，亦是一生不平靜、是非災禍多，其人頭腦不清、協調能力與理財能力、打拚能力會無。

天相在福德宮時

當天相在福德宮時，是命宮中會有一顆貪狼星的人。例如廉貪坐命亥宮的人，福德宮有天相居廟。廉貪坐命巳宮的人，福德宮有天相居得地之位。武貪坐命的人，福德宮都是天相陷落。貪狼獨坐辰、戌宮坐命的人，其福德宮是廉相。貪狼坐命寅、申宮的人，其福德宮是紫相。貪狼坐命子、午宮的人，其福德宮是武相。

由此你便可看出，福德宮有天相時，其旺弱就可看出其人享福及操勞的程度。也可看出其人喜好享受衣食精緻的程度。更可看出其人在處理自己錢財花用上，與得財之間平衡能力的好壞強弱。

福德宮是一個看天生智慧高低、性格脾氣好壞，以及看天生福報有多少的地方。當有天相星進入時，要看是天相單星或是紫相、武相、廉相這些雙星的形式，這些代表意義都會略有不同。

例如廉貪坐命亥宮的人，福德宮是天相單星居廟時，表示此人特別有會享福的聰明，也有一些能找到錢財花用的聰明，其人工作能力不太好，但能找到吃飯及享福的地方。也能找到對自己有利的事和機會。他也會表面脾氣好，對能提供自己需求的人，委曲、婉轉、善於應付。面對於自己沒大利益的人會假以顏色，不肖一顧。因為天相也是一顆喜評價公平的星，在他們天生的想法中，對他好的就是公平的，對他不好，就不公平了。他們會用自己的方式來處理這種自以為的不公平。

當福德宮是天相陷落時，其人一生勞碌，享受衣食、錢財用度都不多。這是武貪坐命者的擁有的福德宮。武貪坐命者，是會賺錢的人，也是會花大錢的人。賺得多，就花得大又多，其人就勞碌更甚，會精神上、身體上無福。若賺得少的人，享用也少了，生活會不富足，這要看命格中帶財多寡，就知道你是人生中的那一項不平安了。武貪坐命的人，賺錢機會多，又愛打拚，但理財能力不好，是故辛苦勞碌，自己很愛衣食上的享受，但能享受到的，都不多。也會天生慳吝小氣、捨不得將錢財花在美食華服之上，故衣食都是簡單型的。喜歡保留現金，但又留不住。

當福德宮是紫相時，就是最愛享一流福氣及一流吃穿玩樂的人。這是貪狼居平坐命寅、申宮的人。其人的夫妻宮是武府，表示其人很愛錢，一定會找比他富裕的配偶，來支持他的享受享樂。所以他人生的目標就是來享福的。全面經營自己的享福之事。自然會找到自己享福之路，也會運用手段來享福。

當福德宮是武相時，這是貪狼坐命子、午宮的人，天生具有錢財和政治方面的智慧，也會運用手段找到自己應享之福氣。其夫妻宮是廉府，表示配偶是中等富裕的人，故其人能運用人際關係，及桃花運氣來享到自己的財福和艷福。

當福德宮是廉相時，這是貪狼坐命辰、戌宮的人，其夫妻宮是紫府，表示其人內心不但愛財也愛地位、權力及高尚事務。在人生中想攫取的也是這些。他們天生不會用太多頭腦去想享福的事，但已在選擇高貴、美麗、帶財多的配偶時已選擇好了，故傻傻的享福就是了。而且也是有一點勞碌，但又不算十分勞碌的狀況。

※當天相在福德宮時，不但要知道天相是享福的指標，同時要記得天相有公平、正義的評定作用，以及委婉及協調能力。但天相在福德宮的公平、正義，只是對自己有利的事情方面，委婉的協調能力，也常躲事，不愛正面衝突。故有貪狼入命宮的人，不喜衝突場面，一有事就躲起來了，等事情大致平息時，才出來面對。同時天相也有醫治及醫療作用。但在福德宮時，他們多半是醫療自己的精神層面之事，不太管別人精神層面之事，故喜歡算命或做心理分析，喜歡哲學。因此天相在福德宮

時，仍以享福的力量大。有羊、陀、火、鈴、化忌、劫空同宮或相照時，財福就受到沖害，聰明才智會受到影響，天生能享之福只有懶惰之福了。但也可能更勞碌、福不全。

第九章　天相在『父、子、僕』、『兄、疾、田』對人之影響

當天相在『父、子、僕』及『兄、疾、田』等宮時，都是對其家庭和家庭成員、六親關係有關的影響。因為當天相單星時，就會有『天相、天府和一個空宮』為一個三合宮位的鼎足之勢，故當『父、子、僕』或『兄、疾、田』等宮之中有一個天相單星出現時，則必有一個宮位為空宮形成。這樣的話，就會在家庭之事方面有一個較弱的環節。天相在『父、子、僕』及『兄、疾、田』等宮出現無刑剋的話，代表在家庭方面有一股穩定、有緣份及財富的力

量，也代表一種家庭傳承的力量，但不是很強。家庭中會有些小瑕疵，如家人少、人丁不旺，或財富力量不足，或遺傳疾病上有些小問題。

若天相受到刑剋，居陷或有羊、陀、火、鈴、劫空、化忌同宮或相照在『父、子、僕』及『兄、疾、田』等宮，家庭穩定的力量會破壞或打折扣，家人的緣份薄，財祿少，遺傳疾病多，或家人生命都不算太長壽，家族傳承的力量薄弱。

第一節 天相在『父、子、僕』等宮對人之影響

天相在父母宮

天相單星在父母宮，居廟位、旺位、得地之位時，合格時，父母性格穩定，很會照顧你。父母為明理、品格高尚、正派、世故，知進退的人。父母也很會理財，外表長相端莊，和你的緣份深、感情好。有事會幫忙，親子關係好。**有羊、陀、火、鈴、劫空、化忌同宮時，**親子關係不好，或緣份不深，父母照顧你及幫助你，教育你的能力不大。你也容易父母中少一人，或與父母生離死

別，父母和你有剋害。

天相、祿存在父母宮時，父母是小氣，財祿不多之人，父母只會在萬不得已時照顧你一下，親子關係是有時好，有時差的狀況，父母中也易少一人。因為你的命宮有陀羅，福德宮有擎羊，父母對你的好，你也不一定能體會。你易和家人不和，對父母的保守心態有怨言。

天相陷落在父母宮時，父母較窮，或父母不全，父母是瘦小的人，父母的身體也不好，或對你的照顧不算周全。你也不愛聽父母的話。

紫相在父母宮時，父母是氣質好、家世好，或知識水準高的人。父母也會長相氣派、美麗，做事通情達理，與你的感情好，會幫你料理一些事情。當紫相在父母宮時，多半是父母輩為家道中落之人。因此你會白手起家來重建家威。有羊、陀、火、鈴、化忌、劫空同宮時，親子關係不佳、緣份薄。

武相在父母宮時，父母為財力好，生活富足的人，也會留財產給你。但父母重視錢財，很會理財，很會賺錢，父母的生活水準比你高，你容易靠父母接濟過日子。有陀、火、鈴、化忌、劫空時，父母時運不濟，並有經濟上的問題，親子關係衝突較多，和你緣份也較淡。

廉相在父母宮時，父母是智慧和知識不算高的人。你在幼年時代很讓父母操心，長大時會好一些。父母是對你不瞭解又愛操心的人，但父母會默默的為你做事，能沉默付出的人，親子關係還算合諧，只是你對父母的態度不算好。

府相同梁
《上冊》

天相在子女宮時

天相在子女宮時，子女都乖巧、可愛、懂事，會幫忙家務，也會正直、端莊、穩重，也易接受父母教養。子女宮是看你對下一代傳承好不好的宮位。**當子女宮有天相時，表示你會把好的精神及教養傳承下去**。子女宮也是看你自己才華展現是否得到的地方。有天相在子女宮時，**也表示你十分會做事，在才華上有料理事物之才華也有修復事件或東西的才華，更有醫療、診治方面的才華**。因此子女宮有天相星的人，也會做醫生或做裝潢事業，或一般公務員等事業性質的工作。

天相在子女宮時，無刑剋，子女都會養得很好、照顧很好。才華也慢慢能得到顯露。有羊、陀、火、鈴、化忌、劫空時，子女就養得不好，照顧不周全，和子女緣薄、不合，或無法懷孕生子。同時，你的才華少，或無法因才華而出名。

天相雙星在子宮宮（紫相、武相、廉相）

紫相在子女宮時，表示子女未來的成就好，子女是穩重、懂事、長相美麗、聽話、好教養的人。你一生的成就就是在教養子女方面，因此你會傾其全力用在養育及培植子女方面。你也會有工作上的才華，把家庭的空洞或破洞補起來，**有羊、陀、火、鈴、化忌、劫空在子女宮時**，子女運差，無子女或與子女緣薄、家宅窮，你也會無才華，或才華受挫，不能表現，無法出名。**有昌、曲同宮時**，子女也會不富裕，你的家庭會窮，或多遇災厄，財庫也會常是空的。

武相在子女宮時，表示子女性格較剛直，但在財富上會平順、有錢，會理財，子女比你會賺錢，未來你會靠子女生活。子女會乖巧，幫你做事，為你帶財來。有陀羅、火、鈴同宮時，子女帶來的財略少一點，性格會笨或急躁，親子關係略有不合。**有劫空、化忌同宮時**，子女少或不合或生子不易。家中也會因子女少或無子而財少、存不住錢。**有昌曲同宮或相照時**，子女理財能力不好，但仍是會帶一點財給你，與你親密，但你的家中常鬧窮。

廉相在子女宮時，子女是外表乖巧，不算聰明的人，但仍會帶穩定力量給你，有子女，你就會努力賺錢來養育及培植他們，親子關係還不錯。**有羊、陀、火、鈴、化忌、劫空同宮時**，子女有傷剋、傷殘現象，你的家中會不富裕、較窮，你也無大的才華、更別說出名的機會了。一生的起伏也大。**有昌、曲同宮時**，在子宮，子女會精明一點，在午宮，子女會粗俗較笨，但都是家窮、不富裕的狀況。你一生也無大才華可出名。

※當子女宮有天相星時，其人的田宅會有破軍星入宮，因此家中會有問題或家宅不寧，或家窮，有債務，或存不住錢的問題。家庭的起伏大。子女會順應這種時勢而誕生，一方面是來陪伴你度過起伏的人生，一方面是來解放你、平衡你心中起伏鬱結的狀態。

天相在僕役宮時

當天相在僕役宮時，你有最好、最優的朋友運了。你的人緣好，對朋友熱心，對待部屬公平、有正義心。你也會得到朋友的幫助，到處有貴人的幫忙。也能找到好助手及部屬來幫你做事及打理雜務，找傭人都能找到乖巧、聽話，並能努力工作的人。同時，在你的朋友中也多會理財的人，因此你欲借錢都很方便。你的朋友都是講信義、知廉恥的人，因此你也會朋友多，十分快樂。

如果僕役宮帶有刑剋，如天相加羊、陀、火、鈴、劫空、化忌同宮時，朋友運就不好了。有『刑剋』格局時，朋友是懦弱、奸詐、對你不利的人。**有陀羅同宮時**，朋友是較笨又悶聲不吭、暗中會危害你的人。**有火、鈴同宮時**，朋友脾氣衝動急躁，會因脾氣不好及太衝動而對你不利。**有劫、空同宮時**，你的朋友雖溫和又想幫忙，但你不一定會找他們幫忙，你也會和朋友井水不犯河水，保持一定的距離，不想相互干擾對方。**有文昌、文曲同宮或有文曲化忌或文昌化忌同宮時**，朋友會窮，或有是非口舌，帶麻煩給你，讓你煩心，也不想多和朋友來往。**有祿存同宮時**，只有一、兩個好朋友會相互幫忙，朋友圈子窄，也不想多交朋友。

紫相在僕役宮時，朋友是地位中等以上，正派、溫和、環境不錯的人，朋友對你有助力。你會在交際上多下工夫，把朋友當做你人生的資產，藉以升官發財，**有羊、陀、火、鈴、化忌、劫空同宮時**，朋友運不佳，也會少交朋友，你的人際關係有問題，**有昌、曲同宮時**，你的朋友是外表還氣派，但不富裕的人。朋友之間的關係有起落，未必會親密長久。

武相在僕役宮時，朋友是精於理財，財力好的人，能在錢財上有通財之義，也會帶財給你。相互幫助賺錢之事。但朋友中以講錢財利益為主要的溝通管道。朋友之間的交往也十分政治化。**有陀陀、火、鈴、化忌、劫空同宮時**，朋友的財力等而下之，財力會差，或有債務糾紛，因此朋友間的是非多，也多因錢財而起糾紛，朋友在財力上是相互拖累的狀況。

廉相在僕役宮時，朋友和屬下是不聰明，沒有想像力、沒有創作力及企劃能力的人，但會乖乖聽話，因此這些人能替你打理雜務，在一些簡單的基本的事物上幫忙你，但你不能讓他們幫你出主意，或幫你設計企劃某些事務的。因為你的朋友都是毫無這方面才能的人，這也表示你創造與企劃力方面比周圍朋友和部屬強，因此你的朋友多半是應聲蟲，做些簡單的、出勞力的事物可以，但無法幫你做大事，**當有擎羊、火、鈴、化忌、劫空同宮時**，朋友運不好或無用、懦弱，或有官非爭鬥，也會有陰險狡詐、不和睦的朋友，相互傷害刑剋。

※當天相在僕役宮居於合格的旺位以上時，表示你和朋友之間是

講求企正、公平的交友方式。而且你和朋友之間能相互醫治精神上的苦悶、鬱結、煩惱，你會和朋友相互訴說、談心，也會相互安慰、體諒。因此你也是朋友間精神上最好的醫生及精神堡壘。天相居陷或有刑剋時，朋友相互拖累遭災，相處不愉快，也易不來往，或相視成仇。

第二節　天相在『兄、疾、田』等宮對人之影響

天相在兄弟宮時

當天相在兄弟宮時，在旺位，無剋時，兄弟是性格溫和、善體人意，且會幫忙你做事的人。他自己把本身的事也打理得很好。兄弟會長相端莊、正派，做事有原則、有條理、一絲不苟，兄弟間相處和樂，且會相互幫助，對彼此有助力。家庭中兄友弟恭，你會從小和兄弟姐妹混在一起，而和父母、長輩略有代溝。未來你的人生、兄弟姐妹也會佔很重要的地位。有困難、有問題和兄弟姐妹

講，甚少向父母求援。你是命宮有一顆天梁星的人，你會照顧自家的兄弟姐妹，內心有很強的家族意識。未來你的兄弟姐妹也會是你事業上最好的幫手。

當有擎羊同宮時，是『刑印』格局，兄弟姐妹中會有傷殘者，也是懦弱無用或無生活能力的人，需要靠你照顧生活。**有陀羅同宮時**，兄弟還溫和、較笨，或有傷殘現象或多傷災，你的父母宮會有擎羊入宮，因此是六親不合，和家人、父母兄弟有刑剋的狀態，亦會兄弟少，或父母不全、家中人丁少、緣薄等事。**有火、鈴同宮時**，易有福不全、傷殘之兄弟，或兄弟突然遭災而減少。彼此感情也不佳。**有劫空同宮時**，兄弟少，或不來往，緣薄、感情冷淡，**有化忌同宮時**，兄弟間多是非爭執，關係不好。**有昌、曲同宮時**，兄弟表示還體面，但不富裕易窮。**有祿存同宮時**，只有一個兄弟，姐妹可多，兄弟姐妹間較保守、小氣，溝通不易，要有必要才會幫點小忙。

紫相在兄弟宮時，兄弟是外表體面、溫和的人。家中有長兄或長姐當家管事，或家中有能幹的兄弟姐妹在照顧家庭。你從小和兄弟姐妹感情好，會相互幫忙，兄弟姐妹也會聽你的話，相互推崇、尊敬，一起過富裕平順的日子，**有羊、陀、火、鈴、化忌、劫空同在兄弟宮時**，會兄弟少、不合，或相互拖累，你也和平輩之間的關係不好。

武相在兄弟宮時，兄弟是做武職、軍警業或公務員、政界，在事業、錢財很平順的人。兄弟性格略剛直，但守分寸、義理分明，對錢財看得重，會理財，也錢財比你富足得多，有必要時，他會資助你，你一生和兄弟感情好，錢財也清楚，家人是你人生中最大的財富。兄弟可齊心合力共創富裕的家園。**有陀羅、火、鈴、化忌、劫空同宮時**，兄弟中有較笨及錢財不順者，也會兄弟因錢財反目，不合，有紛爭。

廉相在兄弟宮時，兄弟是溫和、老實，但智慧不算高的人。他會聽你的話，為你做事對你好。你也會盡力幫助他們，關係是平和、能相親相愛，但實際上幫不了大忙的狀況。你和平輩之間的關係也是這種溫和但用腦子及用心不多，有人要求你，你也會伸手幫一下，但不主動去幫助他們的狀況。**有擎羊、火、鈴、劫空、化忌同宮時**，兄弟是有傷殘現象，或頭腦不清，或有不合、相互爭鬥、是非多，或少來往的現象。因此有家宅不寧，家庭和平輩之間也未必對你有助力了。

天相在疾厄宮時

當天相單星在疾厄宮時，居廟、居得地之位，都身體大致健康。居陷或和羊、陀、火、鈴、化忌、劫空同宮，代表身體受刑剋、有問題。

天相在疾厄宮時，代表是膀胱、腎臟、水道系統方面的毛病。例如有血氣病、地中海貧血症、皮膚病、面皮黃腫、膀胱炎、腎臟炎、內分泌系統不良、淋巴系統的問題，或血液中之病症、糖尿病、腺體系統的病症，以及脾臟不佳，尤其在卯、酉、丑、未四宮與凶星同宮，有脾臟癌的問題。

天相單星在疾厄宮居旺、無剋，代表受父母、祖先的遺傳還不錯，因此一生少病痛，只會有些小感冒或膀胱炎等問題，問題不大，會很快好起來。

當天相陷落或有羊、陀、火、鈴、劫空、化忌同宮時，表示經由遺傳，你的身體本身較弱，也會多小病痛，或有『刑印』格局時，身體本身有先天性的缺陷或遺傳病症，易短命，或有傷災、突發之病而壽終。**有文昌化忌或文曲化忌**，會是大腸及生殖系統加膀胱、腎臟的毛病、常感冒，易不孕，或生子不易。

紫相在疾厄宮，無剋，代表健康好，有小病也能平安度過。家族的遺傳還不錯。但要小心後天保養的問題，也要小心八字中土蓋水的問題。也就是要小心體內火氣大，脾胃不佳，而導致膀胱、肝腎機能不好的問題，因此宜多休息、勿太勞累。**有擎羊同宮**，小心肝腎不佳、眼目不佳，有傷殘現象，易短命。**有陀羅同宮**時，有手足傷災、壞牙、駝背縮腰、多傷災、開刀等問題，也會肺部、大

府相同梁《上冊》

腸不好、膀胱、腎有問題。**有火、鈴同宮時**，易有突發疾病，和火氣大、與膀胱、脾胃有關。**有劫空、化忌同宮時**，易生癌症，是和脾胃、膀胱、腎臟有關之癌症。

武相在疾厄宮時，無剋害，代表健康好，但要小心肺部、氣管、大腸、膀胱較弱，易感冒等問題。但不嚴重。**有陀羅同宮時**，有手足傷災、破相，牙齒有傷或蛀牙，腰骨不好，肺部、氣管、大腸、膀胱易有病。**有火、鈴同宮時**，易有突發之病症，或有呼吸道，大腸、膀胱等，易生怪病，會來得快、去得快，易開刀。**有劫空、化忌同宮時**，有癌症問題，也是在肺部、大腸、膀胱、腎等部位。

廉相在疾厄宮時，要小心血氣病、地中海貧血症，及糖尿病，以及內分泌、腺體系統及泌尿系統、淋巴系統的毛病，都間接或直接和血液有關。有『廉相羊』、『刑囚夾印』格在疾厄宮時，身體不佳，帶病延年、壽命不長、身體傷殘、不孕或有影響肝腎機能等先天性的毛病。也會有心臟病、眼目失明者的問題。**有火、鈴同宮時**，易生突發之疾病、怪病，也易生血癌或血液、膀胱、腎、腺體、淋巴、泌尿系統內長腫瘤。**有劫空、化忌同宮時**，易生癌症、腫瘤、多病痛及不孕症。

天相在田宅宮時

當天相在田宅宮時，無剋，代表能繼承祖先之房地產。你自己也很喜歡買房地產來儲蓄，你的命宮中都有一顆太陰星，太陰星是田宅主，故你喜歡買房地產來增加財富。當天相居旺在田宅宮時，你的家人相處平和，家中少是非，家人會相互幫忙過日子。而且家中會裝潢美麗，收拾整齊，你也會為家庭付出很多心力，希望擁有美麗、圓滿的家園，家人也會同心協力來創造財富及守成，因此家業會蒸蒸日上，生活美滿。

當天相陷落在田宅時，家中多災難、不合或分東離西，你的財庫不安穩，有錢也存不住。你是同陰坐命的人，雖然你也喜歡房地產，但常買進賣出，存不住。你的家中也不美麗，或窮，你本身也不想花太多精神打理家中，因此會得過且過。

當天相和擎羊同宮於田宅宮時，家中多災難、窮困、不合、不平衡，家中也易遭小偷盜竊，易讓人欺負。也易有家庭破敗的問題。女子有此田宅宮，易不孕或失去子宮，無法生育。**有陀羅同宮時**，家中起起伏伏，始終不太富裕，房地產也會進進出出留不住。

家中是看起來還不錯，但其中有問題的家庭。家人會較笨，靠你養活，女子有此田宅宮時，也易流產、不孕，或子宮有問題。**有火、鈴同宮時**，房地產易留不住，易住水火相剋的房子，家中也會有突發事故而遭災。家人脾氣壞，不安穩，易有衝突。女子有此田宅宮時，易流產，或子宮長瘤，或開刀。**有劫空、化忌同宮時**，房地產似有若無，或全無。家中常無人在家鬧空城計。家人表面平穩溫和，但感情不深，少來往溝通，或多是非不合，房地產易留不住，財庫也易常空虛，有錢也留不住，常發生問題而花掉。女子有此田宅宮時，易子宮有病變，切除或流產、不孕，無法生育。

紫相在田宅宮時，無剋，家中房地產多，且為價值高、精緻、美麗、整齊的房地產。家人是溫和、自尊心強、愛面子、世故、懂道理、知識水準高、又體面的人，相互能幫助支持，家庭和樂。你的財庫很穩當、能存得住錢。你也會家庭付出很多，來創造幸福家園。你會重視家裡的裝潢，佈置美麗精緻溫暖的家園。

當有擎羊同宮或相照時，房地產易受侵害或留不住，家中爭鬥多不合，你的財庫也常遭小人侵擾，有錢留不住。家中不美麗，會雜亂，房子小，不見得美麗了。房子也易毀壞不修。有時也會影響到你的婚姻不美。女子有此田宅宮要小心失去子宮，不能生育。

當有陀羅同宮時，房地產少或有瑕疵、破舊的問題。家人較笨，暗中不合。你的財庫有漏財現象。也要小心有壞朋友使你損失金錢。

有火、鈴同宮時，房地產易有變動，大進大出，家中也易有突發事件而傷剋，家人性子急、易不和，有爭鬥。你的財庫也易不穩當，財進財出。女子有此田宅時，要小心子宮長瘤或血崩。

有劫空或化忌入宮時，房地產時有時無，家中易鬧空城計，或家中多是非口舌，錢財不易留。女子有此田宅宮時，要小心子宮有病變，或不孕。

武相在田宅宮時，無剋時，表示家中有小康以上的富裕生活。房地產是值錢但外表普通的房子。家人對錢很敏感，各自也會過自己舒適的日子，少找麻煩。你的房地產會愈來愈多。你的財庫穩當、又會精打細算，因此家財也會愈聚愈多。**有陀羅、火、鈴、劫空、化忌時**，家中不美麗，房子易留不住，家人多是非紛爭，財庫有破洞。女子有此田宅宮，易子宮有病痛或切除，或不孕。

廉相在田宅時，無剋時，有房地產，但是舊的，或外表不美，但整理還算能住的房子。家中是溫和、智慧不高的人，相處還平順安詳。家中也能相互幫忙，使生活愈過愈好。女子有此田宅宮時，能帶給家庭平順的生活。其人在子宮方面有血氣弱的毛病，小心貧血，但無礙生育。

有擎羊同宮時，房地產留不住，易住在三叉口或雜亂、不高級之處所，也易住破舊無價值的房子之中。家人多陰險狡詐不合，也易被人欺負。生活易困苦、艱難。女子有此田宅宮時，易失去子宮，或不孕。**有火、鈴同宮時**，房地產留不住，易住有刑剋的房子之中，也易住破舊雜亂的房子之中，家人脾氣不好，不合、多爭鬥。你的財庫不穩當，有錢也不易留住。女子有此田宅宮時，易子宮長瘤或血崩。**有劫空或化忌同宮時**，房地產時有時無，或房地產多官非問題，使你失去興趣而放棄。你家中常無人，或無值錢之物，你也易奔波無固定住所。有錢也留不住。有錢就有麻煩。女子有此田宅宮時，易子宮開刀，失去子宮或不孕。

※凡天相在田宅宮時，表示打理、整理房子，及修復家庭的能力強，也表示能用心醫治家中的問題，使一切變好，使家運蒸蒸日上。但有刑星羊、陀、火、鈴、化忌、劫空同宮時，這些能力就會失去，或帶有更多的問題，解決不完。還有當田宅宮的對宮子女宮不好時，如羊、陀、火、鈴、化忌、劫空在子女宮時，也會直接沖剋田宅宮，使你的財庫財少、留不住，或房地產留不住。或使田宅空茫得不到。也容易成不了家、不婚或離婚，家庭不美滿。

府相同梁
《上冊》

下冊目錄

府相同梁
《上冊》

看人過招300回

法雲居士⊙著

怎麼看人？看人準不準？關係著您決策事情的成敗！『看人術』在我們日常生活中應用甚廣，舉凡人見面時的第一印象，都屬『看人術』的範疇。紫微命盤中的命宮主星，都會在人的面貌、身形上顯現出來。法雲居士教你一眼看破對方個性的弱點，充份掌握『知己知彼』的主控權！看人過招 300 回！招招皆『贏』！『順』！『旺』！

紫微斗數精華篇

法雲居士⊙著

學了紫微斗數卻依然看不懂格局，不瞭解星曜代表的意義，不知道命程形局的走向，人生的高峰時期在何時？何時是發財增旺運的好時機？考試、升職的機運在何時？何時才會交到知心的好朋友？一生到底能享多少福？成就有多高？
不管問題是你自己的，還是朋友的，
你都在這本書中找得到答案！

法雲居士將紫微斗數的精華從實用的角度，來解答你的迷惑，及解釋專有名詞，讓你紫微斗數的功力大增，並對每個命局瞭若指掌，如數家珍！

李虛中命書詳析

法雲居士⊙著

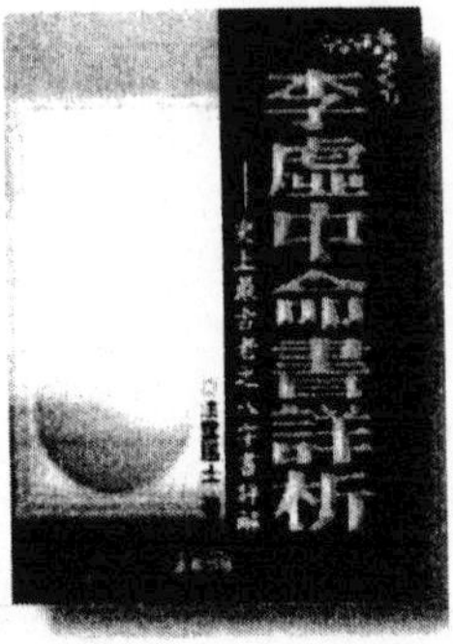

史上最古老之八字書詳解

《李虛中命書》又稱《鬼谷子遺文書》，
在清《四庫全書．子部》有收錄，並做案語。此書是中國史上最早一本有系統的八字命理書，也成為後來『子平八字』術改變而成的發展基石。

此書中對干支的對應關係、對六十甲子的祿、貴、官、刑有非常詳細的討論，以及納音五行對本命生、旺、死、絕的影響，皆是命格主貴、主富的關鍵要點。

子平術對其也諸多承襲其用法。
因此，欲窮通『八字』深奧義理者，必先熟讀此書中五行納音及干支間之理論觀念。因此這本『李虛中命書』也是習八字之敲門磚。

法雲居士將此書用白話文逐句詳解其意，並將附錄之四庫編纂者所加之案語一併解釋，俾能使讀者更加領會其中深奧之意。

簡易實用靈卦、易學

法雲居士⊙著

卜卦是一個概率問題，也十分科學的，當人在對某一件事情執著的時候，又想預知後果因此就須要用卜卦來一探究竟。
任何事物都無法脫離時間和空間而存在。
紫微和八字的算運氣法則，是先有時間再算空間，看是在什麼樣的時間點走到什麼樣的空間去！
卜卦多半是一時興起而卜卦的，
因此大多數的時間和空間都是未知數，
再加上物質運動的變化，隨機而動的卜卦才會更靈驗！
卜卦必須要懂得易經六十四卦的內容與代表意義。
法雲老師用簡單易懂的方法教你手卦、米卦、金錢卦、梅花易數的算法，讓你翻翻書就立刻知道想要知道的結果！

如何尋找磁場相合的人

每個人一出世，便擁有了自己的磁場。

好的磁場就是孕育成功人士、領導人、有能力的人，以及能造福人群的人的孕育搖籃；同時也是享福、享富貴的天然樂園。

壞的磁場就是多遇傷災、破耗、人生困境、貧窮、死亡，以及災難無法躲過的磁場環境。

人為什麼有災難、不順利、貧窮、或遭遇惡徒侵害導致不能善終的死亡？這完全都是磁場的問題。

法雲居士用紫微命理的方式，讓您認清自己周圍的磁場環境，也幫您找到能協助您、輔助您脫離困境、以及通往成功之路的磁場相合之人。讓您建立一個能享受福財與安樂的快樂天堂。

紫微改運術

法雲居士⊙著

在人生時好時壞的命運課題中，您最想改變的是什麼運氣？是財運？是官運？是考運？是傷災？還是人災呢？

在每一個人的命運中都有一些特定的時日，可以把人生的富貴運途推向更高的境界，這就是每個人生命的『轉折點』！能把握『生命轉折點』的人，就是真正能『改運』成功的人！

法雲居士利用紫微命理的精髓，教你掌握『時間』上的玄機來改運，並傳授你一些小祕方來補運，改運 DIY！將會使你的人生充滿無數的旺運奇蹟！

紫微談判學

法雲居士⊙著

現今工商業社會中，談判、協商是議事的主流。每一個人一輩子都會經歷無數的談判和協商。
談判是一種競爭！也是一種營謀！
更是一種雙方對手的人性基因在宇宙中相遇激盪的火花。
『紫微談判學』就是這種帶動人生好運、集管理時間、組合時間、營謀智慧、人緣、創造新企機。
屬『天時、地利、人和』成功法則的新計算、統計、歸納的學問。
法雲居士用紫微命理教你計算、掌握時間的精密度，繼而達到反敗為勝以及永遠站在勝利高峰的成功法則。

移民、投資方位學

法雲居士⊙著

這本『移民、投資方位學』是順應現代世界移民潮流而精心研究的一本書。

每個人都有自己專屬的生命磁場的方位，才能生活、生存的愉快順利，也才會容易獲得財富。搞不清自己生命磁場方位而誤入忌方的人，甚至會遭受劫殺。至少也會賺不到錢而窮困。

法雲居士利用紫微命理的方式向您解釋為什麼有些人會在移民或向外投資上發展成功？為什麼某些人會失敗、困頓？怎麼樣才能找對自己的正確方向？使您在移民、對外投資上，才不會去走冤枉路、花冤枉錢，幫助您開拓順利成功的人生！

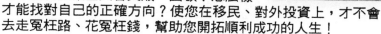

如何幫子女找一個好生辰

法雲居士⊙著

從歷史的經驗裡，告訴我們命格的好壞和生辰的時間有密切關係，命格的高低又和誕生環境有密切關係，這就是自古至今，做官的、政界首腦人物、精明富有的老闆，永享富貴及高知識文化，而平民百姓永遠在清苦的生活中與低文化的水平裡輪迴的原因。

人生辰的時間，決定命格的形成。

命格又決定人一生的成敗、運途與成就。

每一個人在受孕及出生的那一剎那已然決定了一生。很多父母疼愛子女，想給他一切世間最美好的東西，但是為什麼不給他一個『好命』呢？

『幫子女找一個好生辰』就是父母能為子女所做，而很多人卻沒有做的事，有智慧的父母們！驚醒吧！

請不要讓孩子一開始就輸在命運的起跑點上！

如何選取喜用神

上、中、下冊

法雲居士⊙著

(上冊)選取喜用神的方法與步驟。

(中冊)日元甲、乙、丙、丁選取喜用神的重點與舉例說明。

(下冊)日元戊、己、庚、辛、壬、癸選取喜用神的重點與舉例說明。

每一個人不管命好、命壞，都會有一個用神與忌神。喜用神是人生活在地球上磁場的方位。喜用神也是所有命理知識的基礎。

及早成功、生活舒適的人，都是生活在喜用神方位的人。運蹇不順、夭折的人，都是進入忌神死門方位的人。門向、桌向、床向、財方、吉方、忌方，全來自於喜用神的方位。用神和忌神是相對的兩極。一個趨吉，一個是敗地、死門。兩者都是人類生命中最重要的部份。

你算過無數的命，但是不知道喜用神，還是枉然。

法雲居士特別用簡易明瞭的方式教你選取喜用神的方法，並且幫助你找出自己大運的方向。